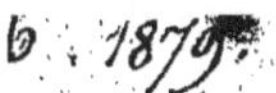

DE LA MISÈRE

ET

DES MOYENS A EMPLOYER

POUR LA FAIRE CESSER;

PAR LECLAIRE,

ENTREPRENEUR DE PEINTURE.

> Il n'y a pas d'effet sans cause.
> Tout, dans la Nature, a sa raison d'être.

PARIS,

IMPRIMERIE DE Mme Ve BOUCHARD-HUZARD,

RUE DE L'ÉPERON, 5.

1850

AVERTISSEMENT.

A une époque où l'avenir préoccupe tous les honnêtes gens, où chacun pense devoir proposer une *solution* pour sortir de l'embarras dans lequel nous a placés la révolution de février, pourquoi, bien que simple industriel, n'exposerions-nous pas nos idées sur ce qui paraît bon et utile à faire?

Nous sommes né à la campagne. Nous savons comment on y est élevé, quelle instruction on y reçoit, comment on y vit et comment on y travaille.

Nous avons habité la grande ville, nous y avons travaillé comme ouvrier, nous avons vécu de cette vie-là; nous savons toutes les privations qu'il faut s'imposer pour faire la moindre économie; nous savons l'opinion plus ou moins favorable que les ouvriers ont de leur patron et de ceux qui possèdent, et comment ils apprécient les institutions tendant à l'amélioration de leur sort.

Depuis plus de vingt ans nous vivons à Paris de la vie de chef d'industrie; nous savons toutes les préoccupations qu'on éprouve dans cette condition pour parvenir à faire ce qu'on appelle son chemin; nous savons toutes les contrariétés que l'exigence des affaires occasionne et tous les ennuis que causent parfois ceux que l'on occupe; nous savons toutes les craintes qu'éprouve un homme de cœur de manquer à ses engagements; nous savons toute l'activité qu'il faut déployer et toute l'énergie qu'il faut mettre pour résister à ce torrent affreux, à cette concurrence sans limites qui engloutit tant d'intelligences malgré le soin que ces intelligences apportent dans la direction de leur barque pour qu'elle ne chavire pas.

Nous savons enfin, après une lutte courageuse, après être arrivé à bon port, combien il est difficile de conserver les fruits obtenus par un long et pénible labeur, et nous avons vu assez de révolutions violentes pour savoir tout le désordre qu'elles jettent dans l'existence matérielle et morale des familles et pour désirer plus que jamais de n'en pas voir surgir une nouvelle.

Mais ce que nous savons aussi ce sont les privations physiques et morales que subissent généralement les ouvriers quand l'insalubrité de leurs professions altère leur santé; quand les maladies, les infirmités les atteignent, surtout lorsqu'ils ont des charges de famille à supporter, et enfin tout ce qui les attend quand ils ne peuvent plus travailler.

En produisant ce petit travail, nous ajouterons un exposé de la position de ceux qui ne manquent presque jamais d'ouvrage, on pourra juger de ce que doit être celle des ouvriers qui en manquent souvent.

Nous puiserons nos citations parmi les ouvriers qui sont avec nous depuis plus de vingt ans, en redescendant l'échelle jusqu'à ceux qui n'y sont que depuis quelques années seulement.

Enfin, nous annexerons à cette publication les statuts d'une société temporaire de secours mutuels que nous avons instituée dès 1838.

DE LA MISÈRE

ET

DES MOYENS A EMPLOYER

POUR LA FAIRE CESSER.

La société est travaillée par un mal profond, par un mal affreux : la misère!

Cette plaie hideuse en faisant naître l'égoïsme, divise les familles, éteint les sentiments les plus purs, les plus généreux que Dieu a mis dans les cœurs.

Elle dégrade l'homme à ses propres yeux ; elle engendre le vol, la prostitution et l'assassinat ; les cœurs restés honnêtes, elle les conduit au suicide.

Là, c'est un vieillard qui mourant de faim se fait broyer sous une pesante voiture ou sur un rail de chemin de fer ;

Ici, c'est une jeune fille qui forcée de se déshonorer pour vivre, ne pouvant supporter l'ignominie, met fin à ses jours par l'asphyxie!

Ailleurs, c'est un jeune homme bien élevé qui ne pouvant trouver place au soleil se fait sauter la cervelle (1).

Enfin c'est une mère, une mère qui après avoir été

---

(1) On a beaucoup parlé de l'encombrement des carrières et de la difficulté qui existe aujourd'hui pour les jeunes gens doués d'instruction de pourvoir à leurs moyens d'existence. Voici un fait qui est plus

ruinée et plongée dans les chagrins et les douleurs par la perte de tout appui, termine ses jours, et fait partager son sort à ses enfants pour les soustraire à l'affreuse misère qui les menaçait.

Constamment aux prises avec ces cruelles alternatives, ceux qui vivent du fruit de leur travail demandent à être occupés constamment et rémunérés de leur labeur de manière à ce qu'ils puissent vivre, eux et leur famille, honorablement.

Ceux qui possèdent, reconnaissent les souffrances qu'éprouvent les populations et la nécessité d'y apporter un remède.

Tout le monde convient donc qu'il est indispensable de s'occuper d'éteindre la misère, sinon encore entièrement, au moins et d'urgence d'en diminuer le plus possible les funestes effets.

Les uns pensent que pour arriver à ce but il faut recourir à des moyens nouveaux;

Les autres, au contraire, croient que les moyens connus sont suffisants.

Nous partageons entièrement cette dernière opinion, attendu qu'à notre point de vue, il suffit de développer ces moyens et de les coordonner pour obtenir le résultat que chacun désire.

Nous pensons de plus que si on est en dissidence sur ce qu'il faut entreprendre pour arriver à suppri-

---

probant que tous les discours : dans un seul régiment d'infanterie, il y a parmi les engagés volontaires *quarante-deux* bacheliers ès lettres, et *cinq* licenciés en droit. (Extrait du journal *l'Assemblée nationale*, du 19 octobre 1850.

mer la misère, c'est plutôt à un malentendu fâcheux qu'il faut l'attribuer qu'à toute autre cause.

On est d'accord sur le fond, on reconnaît que ceux qui n'ont que leurs bras pour vivre éprouvent de grandes privations. Or, tout se réduit donc à une question de forme. Eh bien! entre hommes de cœur, entre hommes vraiment consciencieux, pour un fait de la nature de celui-ci, rien au monde n'est plus facile que de s'entendre.

Pour y parvenir, il ne faut pas que les uns soient obligés de faire des concessions aux autres; les concessions ne forment pas d'alliances solides; elles ne peuvent produire, tout au plus, que de mauvaises transactions que le moindre prétexte tend à faire rompre.

En mathématiques, il n'y a pas de discussion possible; pour quiconque n'ergote pas, deux fois deux font toujours quatre. Pourquoi en réforme sociale en serait-il autrement?

Nous convenons tous que tout être qui naît, par cela même qu'il vient au monde, a le droit de vivre;

Nous convenons qu'il n'y a pas d'effet sans cause;

Nous convenons enfin que tout dans la Nature a sa raison d'être;

Or, pour être conséquent, il faut admettre que Dieu dans sa divine création n'a pas voulu qu'aucun être souffrît la faim sur la terre, et que si cela se produit, il ne faut en attribuer les effets qu'à des causes qui échappent à notre observation, à notre imprévoyance.

Dieu a créé l'homme pour la famille, pour la propriété et pour vivre en société. En conséquence, avant d'apporter aucun changement à l'organisation actuelle, il importe de s'assurer, par l'analyse, si l'homme est condamné à subir le désordre industriel présent, où il ne fait que végéter, ou si, au contraire, il n'est pas plutôt destiné à vivre de la vie agricole et à mourir où il naît.

Quand on observe attentivement ce qui se passe sous nos yeux et qu'on réfléchit aux impressions que chacun ressent par rapport à la condition dans laquelle il se trouve, on est obligé d'admettre que cette dernière hypothèse n'est pas sans fondement. En effet, il n'y a peut-être pas une créature au monde qui ayant dépassé l'âge de quinze à seize ans, abandonne sans regret le lieu de sa naissance.

Ce lieu où en raison de l'âge, l'homme contracte des affections plus ou moins intimes et presque toujours de cœur, reste tellement gravé dans sa mémoire, qu'il conserve éternellement le très-vif désir de revoir son pays natal; c'est ainsi que l'on voit les uns revenir s'y fixer après de nombreuses années d'absence; qu'on en voit d'autres exprimer leurs dernières volontés d'y être inhumés, n'ayant pu y mourir; ceux-ci ne le quittent qu'avec le projet bien arrêté d'y retourner aussitôt qu'ils le pourront. Ceux-là, que des destinées appellent pour toujours ailleurs, s'efforcent d'y retourner seulement pour lui faire un dernier adieu avant de mourir.

Il semble véritablement qu'en quittant des lieux si

chers on emporte avec soi des molécules attractives qui ont servi d'aliment dans la jeunesse, et qui tendent constamment à rappeler tous les êtres sur le point primitif où ils ont reçu le jour.

L'homme ne quitte donc ce lieu que par force majeure et en voici les deux principales causes :

La misère et la conscription.

Ceux qui s'en éloignent pour d'autres motifs n'en subissent pas moins les mêmes influences.

En poursuivant plus loin l'observation, on est amené à conclure que si l'homme a une préférence pour le lieu où il est né, on est obligé d'admettre que la vie des champs est la condition principale de son existence, et que la vie agitée des villes n'en est que l'accessoire.

Que se passe-t-il en effet sous nos yeux dans la capitale du monde civilisé?

L'ouvrier dont l'état oblige à travailler fête et dimanche, s'il a le bonheur d'avoir une place devant la fenêtre de son habitation, y fait pousser des fleurs, et lorsqu'il peut disposer d'un jour entier il en profite pour aller respirer l'air à la campagne.

Quand on voit aux jours de fête, ces flots de population, dans les plaines et les coteaux qui entourent Paris, et même dans les villages et les bois environnants où les chemins de fer et des véhicules de tous genres en transportent des masses innombrables, on est obligé de reconnaître qu'il y a là quelque chose de très-significatif.

Quel est le plus beau rêve d'un industriel quelconque pendant qu'il est dans les affaires? N'est-ce pas de pouvoir un jour bêcher un jardin? Tous enfin n'aspirent-ils pas à aller planter leurs choux le plus tôt possible?

Y a-t-il un seul homme assujetti à un travail de bureau, qui soit heureux si, les jours de fête, il est privé d'aller prendre l'air des champs?

Dès l'approche du printemps, les personnes, qui le peuvent, ne s'empressent-elles pas d'abandonner la ville pour aller passer la belle saison à la campagne et, pour beaucoup d'entre elles, il ne faudrait peut-être que quelques faibles sujets de distraction pour les retenir, durant l'hiver, ou même pour les y fixer entièrement.

N'a-t-on pas vu des hommes de guerre, des maréchaux de France, des généraux, ne déposer l'épée que pour s'occuper d'agriculture?

Et ces débris de nos armées n'ont-ils pas, eux aussi, leurs petits jardins de prédilection, qu'ils cultivent avec soin dans ce vaste monument, destiné à leur servir de lieu de retraite où ils attendent paisiblement leur dernière heure?

Quel hommage rend mieux l'expression du sentiment le plus pur, le plus saint, le plus sacré, que celui de cultiver des fleurs sur la tombe de ceux que nous avons aimés et chéris?

RÉSUMÉ ET CONCLUSION.

Il est évident, et ses penchants le démontrent, que ce milieu où se débat l'homme n'est pas celui qui lui est propre.

Il est né pour le travail : c'est sa destinée ; il n'y a pas de bien-être ni de santé pour lui sans cela.

Ses aptitudes dominantes *sont pour l'agriculture ;* la terre, cette mère nourricière, qui est toujours prête à donner plus, à mesure qu'on lui demande davantage, réclame impérieusement que les habitants de chaque territoire y restent sédentaires pour le cultiver et le fertiliser.

Là, mais là seulement l'homme pourra trouver constamment le nécessaire et, par surcroît, le luxe à mesure que ses facultés intellectuelles s'y développeront. Or, la solution du problème social se réduit donc à trouver un lien qui fixe l'homme au sol où il naît. Eh bien, ce lien est connu : la vieille société qui, dit-on, s'écroule, le possède, ce lien c'est l'*organisation de la commune*, conformément aux intentions de la création.

Assez désormais de débats et de vaines discussions : mettons de côté tout sentiment d'amour-propre déplacé : faisons cesser au plus vite ce malentendu qui nous divise ; souvenons-nous que Dieu est notre père à tous ; ne cherchons pas à faire du nouveau. Nous ne parviendrons pas à établir quoi que ce soit de durable, si nous ne tenons pas compte de la raison d'être des instincts que la nature a déposés en nous.

Qu'à cette proposition d'*organiser la commune* l'on ne s'effraye point. Il ne s'agit pas de construire un phalanstère.

Il s'agit, tout simplement, de réunir et de coordonner dans chaque commune de France les matériaux que nous possédons : rien de plus, rien de moins.

Il n'y a pas de mauvais résultats à craindre, pas d'école à faire : le bien que les éléments dont nous disposons, quoique mal combinés, ont déjà produit jusqu'ici, est connu. Le succès en les utilisant, en les perfectionnant, est donc certain.

Dans la commune, organisée comme il convient qu'elle le soit, l'homme y recevra l'instruction religieuse et intellectuelle appropriée à ses facultés natives.

Il y trouvera un travail constant et rémunéré, de manière à ce que ni lui, ni les siens, ne puissent jamais être atteints par la misère.

Il y trouvera les secours dont il aura besoin, en raison de son âge et des infirmités qui pourraient lui survenir.

Il y trouvera les distractions indispensables qu'il est dans sa nature de prendre, pour se délasser de ses labeurs.

Il y trouvera, enfin, les jouissances que procurent ces nobles sentiments de famille que rien au monde ne peut détruire et qui survivent même à ceux qui nous sont chers.

De la formation de la commune et des institutions à y établir.

En distribuant, et en attribuant à chaque partie du sol terrestre, des propriétés particulières et spéciales donnant des produits différents, Dieu a eu la pensée d'une part, d'obliger l'homme à se grouper sur telle ou telle surface de la terre qui lui offrait l'exploitation fructueuse et facile; d'autre part, de le forcer à entretenir entre ses semblables, des relations qui fassent comprendre aux uns et aux autres, que tout est solidaire dans la nature, que tout se tient et s'enchaîne, que leurs besoins sont identiques; enfin, de les mettre à même de reconnaître d'une manière incontestable qu'entre tous ils ne doivent former qu'une seule et grande famille.

Aussi la formation d'une commune ne se décrète-t-elle pas, ni ne s'institue point par une loi. L'homme guidé par ce sentiment instinctif que Dieu a mis en lui, fait choix d'un lieu qui lui semble propice à une exploitation quelconque. Il y établit une ferme, un moulin, une usine, quelquefois même une maison, dans une situation agréable.

D'autres hommes, mus par le même sentiment naturel, viennent successivement se grouper autour du premier occupant, et forment bientôt une agglomération d'individus sur un même centre qui constitue la commune. De là, par l'effet d'un accroissement progressif de population, est résulté ce qu'on a appelé du nom de bourg, de ville, etc.

Dans ces divers groupes de population communale, à mesure que la civilisation se développe, des institutions sont établies ; les unes, quelquefois, par des personnes généreuses, mais plus généralement aujourd'hui par l'État.

Beaucoup de communes de France possèdent déjà des éléments d'institution conformes à la nature de l'homme, mais les unes en possèdent d'une espèce, les autres d'une nature différente. Or, pour que la commune soit tout à fait organisée, il faut perfectionner ce qui existe et établir ce qui y manque.

Dans chaque commune il serait institué :

1° Un ministre de la religion ;

2° Une société de secours mutuels et de pensions de retraite ;

3° Une crèche pour l'enfance ;

4° Une salle d'asile ;

5° Une école ;

6° Un bureau pour inscrire les ouvriers sans ouvrage ;

7° Un mode de rémunération de salaire, notamment pour ce qui a rapport aux travaux de l'agriculture ;

8° Des associations agricole et industrielle ;

9° Des encouragements agricoles ;

10° Un four communal ;

11° Une alimentation d'eau ;

12° Un service de pompiers ;

13° Un lavoir et des bains ;

14° Une bibliothèque ;

15° Des veillées d'hiver;

16° Une fête patronale;

17° Des promenades publiques;

18° Une salle d'amusements;

19° Une société des fêtes et des jeux;

20° Un conseil de prud'hommes;

21° Des règlements de voirie;

Enfin, comme complément, des modifications à la législation actuelle.

Les titres de cette nomenclature comportent ici quelques développements : nous allons les exprimer aussi laconiquement que possible.

De la religion.

Si tous les habitants de la terre étaient réunis ensemble, et qu'une voix céleste, assez sonore pour se faire entendre de tous, vînt à leur crier : Croyez-vous en Dieu? je ne pense pas qu'il s'en trouverait un seul, quelle que soit la diversité des dogmes, qui dirait non. Or, si tous croient en Dieu, il n'en faut pas davantage pour conclure qu'il est dans leur nature d'être élevés dans des principes religieux. Cependant beaucoup de communes en France n'ont pas encore de ministres; il devrait donc en être établi un partout où il en manque.

De la société de secours mutuels et des pensions de retraite.

La société de secours mutuels, c'est l'assistance

bien organisée; tout en laissant la faculté aux personnes généreuses de suivre le noble élan de leur cœur, les secours qu'elle accorde à ses membres, ont ce double avantage de ne blesser ni les sentiments, ni la dignité de ceux qui en sont l'objet.

La société de secours mutuels est un puissant moyen de moralisation. C'est un cours vivant de droit public; ses membres, dès leur première jeunesse, étant habitués à se soumettre aux divers articles disciplinaires du règlement qui la régit, comprennent qu'il n'y a d'ordre et de sécurité pour les intérêts des uns et des autres, qu'autant que tout fléchit devant la loi.

En rapprochant les classes, cette antipathie qu'a le pauvre pour le riche s'éteint; car on est d'autant plus ennemis les uns des autres, on se méprise d'autant plus et on se respecte d'autant moins que les distances morales et matérielles sont plus grandes.

La société de secours mutuels, c'est pour ainsi dire la mère des caisses de retraite, cette dernière n'est que la conséquence logique de la première. A mesure que les ressources de l'une s'accroissent, l'autre en écoule le trop-plein en pensionnant les vieillards, ses souscripteurs, ses soutiens naturels; elle rend à ces derniers par des pensions ce qu'ils lui ont versé en cotisation et en droit d'admission.

Secourir des malades, des blessés, ou secourir des vieillards, c'est synonyme. D'ailleurs ne se trouve-t-il pas des sociétaires dont la santé est telle qu'ils n'ont besoin de secours que quand l'âge avancé les prive de leurs forces physiques et intellectuelles?

La société de secours mutuels, dès le lendemain de son institution, rend des services réels; il ne faut qu'y réfléchir pour reconnaître ce fait.

Les dispositions qui vont suivre devraient, selon nous, faire partie des statuts de cette société.

1° Tout individu, dès sa naissance, quels que soient son sexe et son rang, devrait, *humainement parlant*, faire partie de la société;

2° Les individus des deux sexes nés hors de la commune, ne seraient admis à en faire partie qu'après un certain temps d'habitation dans la localité;

3° Une mise de fonds à titre de droit d'admission et une cotisation mensuelle, proportionnées à l'âge des individus et à leur sexe, formeraient les ressources de la société;

4° Au-dessus de vingt ans, ou d'un autre âge qu'on déterminerait, le droit d'admission et la cotisation seraient fixés à un taux uniforme, mais différent par sexe, pour tous les sociétaires;

5° La société pourrait recevoir des dons et des legs;

6° Les personnes aisées pourraient n'être que sociétaires honoraires; mais elles payeraient néanmoins leur cotisation mensuelle et leur droit à l'admission: par ce moyen, si leur position devenait difficile un jour, elles auraient la facilité de jouir des avantages accordés à tous les membres;

7° Chaque sociétaire malade pourrait recevoir une indemnité en argent, variable en raison de l'âge qui serait déterminé, et en raison aussi du sexe de l'individu;

8° Chaque sociétaire recevrait en outre les soins du médecin et les médicaments qu'exigerait la nature de la maladie;

9° Une espèce d'infirmerie serait créée pour y soigner les malades que l'exiguïté de leur logement ne permettrait pas de traiter à domicile;

10° Il serait accordé des pensions de retraite aux infirmes et aux vieillards.

Quiconque quitterait la commune perdrait, à dater du jour de son départ, tous ses droits aux avantages assurés par la société, à moins que, nonobstant l'absence, l'on ne continue à payer la cotisation mensuelle. Dans ce cas, à quelque époque que ce soit, on pourrait toujours venir revendiquer ses droits qui, alors, seraient réglés de la manière suivante :

Le secours du médecin, les médicaments ainsi que l'indemnité, ne seraient accordés qu'après un certain temps de séjour dans la commune.

Si l'on y revenait infirme par l'effet d'accidents arrivés pendant l'absence, la pension de retraite ne serait accordée entière qu'après la justification de l'origine et du genre de l'infirmité.

11° On pourrait faire partie de plusieurs sociétés en vue de recevoir plusieurs pensions, mais alors on n'aurait à réclamer de secours que de celle instituée dans la commune où l'on a fixé sa résidence, et si d'ailleurs on continuait à y remplir les obligations imposées jusqu'au moment du règlement de la pension.

12° Les fonds appartenant à la société seraient placés, tout ou partie, en rentes sur l'État, ou prêtés aux habitants de la commune qui offriraient la solvabilité suffisante, ou, encore, à titre de *prêt d'honneur* à ceux qui n'auraient point de gage à fournir.

13° Quant au mode d'administration et de réglementation, et, en un mot, à tout ce qui se rattache à cette société, il y serait pourvu par des statuts spéciaux stipulant les causes d'exclusion, etc., etc.

14° Dans tous les cas, l'administration serait gratuite comme cela a lieu dans les sociétés de cette nature.

La salle d'école ou de la mairie servirait de lieu de réunion.

De la crèche.

La crèche, cette admirable institution que l'initiative persévérante du digne et respectable M. Marbeau a tant contribué à développer, produirait, par son extension, sur la génération nouvelle, tous les bienfaits qu'on doit en attendre.

L'enfant à la crèche, étant réglé dans la satisfaction de ses besoins, sa santé y gagnerait ainsi que son caractère, car n'ayant pas occasion d'être irrité comme cela a lieu dans les conditions ordinaires de la vie, ses caresses pour sa mère n'en seraient que plus grandes chaque fois qu'elle viendrait le prendre dans ses bras pour l'allaiter.

En permettant à la mère de famille de vaquer aux soins du ménage, elle serait mise à même de prendre part tranquillement aux travaux de la campagne, si salutaires à sa santé et si propices à l'aliment de son nourrisson.

En s'éloignant momentanément de son enfant, loin de refroidir les sentiments de la maternité, cet éloignement ne ferait, au contraire, que les développer davantage.

Exempte des préoccupations qu'éprouve une mère en pensant aux accidents qui peuvent arriver à son enfant si elle cesse de l'avoir sous les yeux, elle lui rapporterait avec joie une nourriture abondante qu'aucune contrariété ne serait venue altérer. La crèche communale procurerait donc à la mère le bonheur de la maternité sans qu'elle ait à en supporter les désagréments.

Pour établir une crèche il n'est pas nécessaire de faire aucune construction : une simple location peut suffire. Il n'est pas de commune qui ne possède un local propre à former cet établissement.

Chacun concourrait à sa fondation dans la proportion de sa fortune et de ses ressources.

Les salaires des personnes préposées, ainsi que l'entretien des enfants et leur nourriture, seraient à la charge des pères et mères; en cas d'insuffisance constatée, la commune y pourvoirait.

De la salle d'asile.

La salle d'asile, c'est la sœur cadette de la crèche; au lieu de laisser vagabonder sur la voie publique, exposés à mille dangers, ou s'imprégnant de poisons de tout genre, ces jeunes êtres dont beaucoup, une fois hommes, deviennent dangereux pour la société, la salle d'asile en les recueillant, dépose dans leurs cœurs des principes qui s'y graveront d'autant plus profondément qu'on les y sèmera à un âge où les impressions qu'on reçoit ne s'effacent jamais de la mémoire.

Plus répandue, elle préviendrait ces condamnations, ces flétrissures prononcées par les tribunaux, contre des enfants dont l'âge ne permet pas encore de discerner le bien d'avec le mal.

Établie dans la commune, elle serait, religieusement parlant, la mise en pratique de cette parole divine de Jésus-Christ : « Laissez venir à moi les petits enfants, le royaume de Dieu est à eux. »

Pour avoir une idée exacte des services que rend cette institution, il faut lire les intéressants détails qu'en donnait, dès 1840, M. Frégier, ce digne philanthrope, dans son livre intitulé : *Des classes dangereuses.*

Les frais d'établissement, d'installation, de personnel et d'entretien, seraient supportés comme ceux de la crèche.

Des écoles.

En créant des aptitudes et des intelligences différentes, Dieu a enseigné à l'homme que tous les divers travaux de la nature devaient être exécutés ; il lui a appris par là que chacun dans le grand atelier humain, avait sa fonction spéciale à remplir. Il lui a démontré, enfin, que l'égalité, sur la terre, entre les hommes, ne pouvait être que relative ; mais en lui donnant des facultés d'un ordre supérieur, il a voulu aussi qu'elles fussent développées par l'instruction de manière à élever sa dignité morale et lui apprendre tout le respect qu'il doit aux autres, et qu'il se doit à lui-même pour vivre en société.

Dans chaque commune, il serait institué une école de garçons et de filles ; lorsque la population se trouverait assez nombreuse pour que deux écoles pussent être fondées, il en serait ouvert une pour chaque sexe.

L'instruction dont les détails vont suivre, et que nous considérons comme étant de première nécessité, serait obligatoire et personne ne pourrait s'y soustraire.

On y enseignerait :

1° Les éléments de la langue française, afin d'apprendre à la lire, à la parler et à l'écrire correctement;

2° Les quatre premières règles de l'arithmétique ;

3° La tenue des livres sous la clef la plus simple, mais de manière cependant à pouvoir dresser clairement son inventaire annuel ;

4° Tous les hommes étant doués d'aptitude pour le travail des champs, on y enseignerait les premiers principes de l'agriculture;

5° Le dessin linéaire et la géométrie pratique jusqu'à la connaissance de l'*ovale du jardinier;*

6° Enfin les premiers principes de la musique vocale ;

7° On enseignerait de plus à ceux des élèves qui montreraient des dispositions, les premières notions sur les métiers et professions à l'usage du bâtiment, tels que la maçonnerie, la charpente, la couverture, la menuiserie, la serrurerie, etc.

Des notions sur les devoirs qu'imposent à l'homme

les relations sociales, et les connaissances de ses droits civils.

Les jeunes filles participeraient aux mêmes études, à l'exception de ce qui a rapport aux travaux de bâtiments, mais elles y apprendraient les travaux d'aiguille et de lingerie.

Pour tous ceux à qui les ressources de fortune le permettraient, ils seraient libres, comme aujourd'hui, de donner plus de développement à leur instruction.

Du bureau pour inscrire les ouvriers sans ouvrage (1).

Le besoin d'un bureau de cette nature s'est de tout temps fait sentir. Vauban l'a signalé. Tout récemment encore un honorable membre de la chambre législative, M. de Saint-Priest, en faisait l'objet d'une proposition à la tribune de l'assemblée nationale.

Déjà il en existe pour certaines professions, dans les grands centres de population. Bien qu'organisés en vue d'un lucre pour ceux qui les tiennent, ces bureaux rendent, néanmoins, déjà des services.

Veut-on avoir une plus complète idée de la nécessité de leur établissement, c'est d'aller à l'époque des vendanges dans les pays vignobles, ne fût-ce qu'autour de Paris; à Surène, par exemple.

On y verra venant de tous côtés et de fort loin, des êtres pâles et amaigris, de tout âge et de tout sexe, qui,

(1) Dès 1842, nous avons signalé ce besoin (page 13, *Améliorations à apporter dans le sort des ouvriers peintres*, etc.).

attirés par l'espoir de quelques journées de travail, ont affronté les fatigues du trajet en se reposant la nuit, pêle-mêle, à la belle étoile ou, au hasard, dans des granges ou sous des hangars !

Quelles cruelles déceptions n'éprouvent-ils pas souvent ces pauvres malheureux qu'un même besoin avait fait mouvoir ! Le nombre des travailleurs est si considérable déjà sur la place, que le prix de la journée se trouve réduit à zéro ; c'est-à-dire qu'ils travailleront pour leur nourriture seulement et encore bien heureux seront ceux ainsi acceptés, car ils se coucheront, sinon dans une étable, au moins sous un abri quelconque et sur un peu de paille ! Mais pour ceux qui n'ont pu être embauchés même pour le lendemain, allez à Surène à la chute du jour, sur la place où est dressé le pressoir communal, vous les verrez se grouper et s'accroupir pour passer une nouvelle nuit sous la voûte du ciel avec l'incertaine espérance qu'au lendemain, des besoins de renfort se feront sentir peut-être, et qu'alors ils seront plus heureux que la veille !

Veut-on avoir un autre exemple qui prouve cette nécessité ? Il suffit d'aller le matin, place de Grève et place du Châtelet. On y verra, les jours de beau temps, beaucoup d'ouvriers maçons et peintres qui attendent qu'on vienne les chercher. Si l'on entre chez les marchands de vin, les marchands de liqueurs qui pullulent autour de ces places, on verra de ces ouvriers embauchés payer un verre de vin à l'embaucheur en signe de gratitude ; on en verra d'autres payant ce verre comme à titre d'anticipation ; enfin, on en remarquera qui, poussés au désespoir par le manque d'ouvrage, noient leur chagrin dans les liqueurs fortes !

Si on visite ces mêmes endroits et aux mêmes heures, par le mauvais temps, on n'y rencontre généralement alors que de pauvres et courageux vieillards, vieux débris d'ateliers que les chefs d'industrie sont forcés de répudier pour soutenir la concurrence à l'aide d'hommes plus vigoureux. Ils y sont venus sachant qu'à ces jours de pluie ou de froid, le nombre d'ouvriers y est toujours moins grand, et que quelques besoins extraordinaires, survenus tout à coup, leur donneront moyen de travailler quelques journées.

Pour obvier donc à ces douloureux inconvénients de ce mauvais mode d'embauchage, il y aurait dans chaque commune, un bureau où les ouvriers inoccupés iraient se faire inscrire, et où les personnes qui en auraient besoin iraient en demander.

Des bureaux analogues seraient établis dans chaque chef-lieu de canton, d'arrondissement et même de département ; ces bureaux seraient en correspondance avec ceux des communes, de manière à être constamment renseignés dans les diverses localités sur les besoins réciproques existants.

Du mode de rémunérer la main-d'œuvre dans la commune.

Quand on voit d'une part, ceux qui vivent du fruit

de leur travail, souffrir de la faim faute d'ouvrage et, d'autre part, les fermiers et les propriétaires ne pouvoir faire travailler faute de vendre leur blé, leur vin, leurs denrées de toute espèce, qui encombrent leur grange, leur cave, leurs magasins, on est obligé d'admettre qu'il y a là un effet monstrueux, incroyable. Comment! l'abondance que le bon Dieu envoie sur la terre, aurait cette double et fatale conséquence d'augmenter la misère des uns et de tendre à ruiner les autres? Cela ne peut être admis, ce serait outrager la Providence. Cependant les effets sont là, on ne peut les nier!

Les uns ne consomment pas, parce que le travail leur manque; les autres ne font pas travailler, parce que la consommation s'arrête partout. D'un côté, pas d'argent pour acheter; de l'autre, pas d'argent pour faire travailler. L'argent! c'est le nerf de la guerre. C'est le nœud gordien. Pour le trancher, on dit aux agriculteurs : Vous n'avez pas d'argent; empruntez-en; vous ferez travailler, la consommation reprendra son cours, vous viderez vos magasins.

Ceux-ci répondent : Comment? vous voulez que moi qui suis encombré de produits, je contracte des dettes, je paye des intérêts, pour parvenir à faire vider mes magasins? mais, quand ils seront vides je n'aurai plus besoin de l'argent que j'aurai emprunté; qu'en ferai-je alors? le rendre? mais si le terme n'est pas échu? — Non, ma position est liquide, je ne veux pas contracter d'engagement. Faites-moi vider mes magasins, je ne demande pas autre chose pour faire travailler.

Voilà la situation des uns et des autres. Pour la faire cesser et pour en prévenir le retour, il ne faudrait qu'un peu de bonne volonté de part et d'autre!

Supposons que ceux dont les magasins sont encombrés de denrées agricoles de toutes sortes, viennent dire à ceux qui consomment peu, faute d'ouvrage : Depuis que vous chômez, vous et votre famille, vous vivez de privations. Je puis changer votre position en vous faisant travailler, mais je n'ai pas d'argent, je ne peux vous payer qu'en nature, c'est-à-dire en blé, en haricots, en pommes de terre, en vin, en cidre, etc., etc., en produits, enfin, que tous les jours vous consommez, et que vous ne pouvez acheter en quantité suffisante faute d'argent. Si vous acceptez, nous allons examiner quel a été le prix moyen de toutes les denrées depuis dix, quinze et vingt années. Nous en formerons un prix moyen. Nous établirons aussi le prix moyen de la journée d'après le même principe, et avec ces éléments, nous conviendrons de la quantité que j'ai à vous donner en kilog. ou en litres, selon la nature des denrées que vous accepterez pour chaque journée de travail.

Supposons encore que cette proposition soit acceptée : toutes les difficultés disparaissent; le travail reprend son cours, la consommation le sien, les magasins se désemplissent pour faire place aux nouvelles récoltes, mais ils ne se vident plus à perte. L'agriculteur peut attendre que le prix des denrées remonte à un taux raisonnable, puisqu'il a la faculté de continuer à produire sans sacrifices.

Quant à l'ouvrier, il n'a plus à craindre le prix élevé des denrées, puisque cher ou non il en recevra toujours la même quantité par jour. Il y a plus : s'il n'est pas chargé de famille, s'il ne consomme pas tout ce qu'il aura gagné dans son année, il pourra profiter de la hausse pour vendre son excédant.

Il est évident que les besoins de l'homme ne se bornent pas seulement à la substance alimentaire, mais c'est la principale pour l'ouvrier; d'où il suit, que rien ne serait plus facile que de lui payer un tiers ou un quart en espèces, au lieu de lui solder tout en nature.

Le payement en nature serait chose rationnelle; le contraire, c'est l'erreur. Conçoit-on, en effet, que le fermier ou le propriétaire aille vendre son blé, son vin, ses denrées pour payer l'ouvrier qui les sème, qui les récolte et qui, même quelquefois, les porte au marché; lorsqu'à son tour, cet ouvrier est obligé d'aller acheter, les mêmes produits, 15, 20 ou 25 pour 100 plus cher qu'on ne les a vendus pour le payer! tandis que s'il avait reçu directement ces produits pour son salaire, il en aurait obtenu davantage qu'il ne s'en est procuré avec l'argent qu'on lui devait, et celui qui les lui aurait livrés, en aurait donné une quantité moindre pour s'acquitter des salaires.

En agriculture, pour la main-d'œuvre, l'argent ne devrait occuper que le second rang ; il ne devrait être employé que comme appoint pour parfaire le payement en nature.

La rémunération en nature a lieu dans beaucoup de contrées de la France. Dans certaines localités, on paye ainsi pour faire les récoltes ; dans d'autres, pour battre en grange. Il y a des pays où l'on donne du blé, de l'orge, du chanvre, de la laine, et enfin un peu d'argent.

Où il existe un four commun, on paye la cuisson avec de la pâte du pain qu'on vient faire cuire.

Au moulin, généralement, on paye la mouture avec une certaine partie de la substance qu'on fait moudre.

Beaucoup de fermiers payent leurs propriétaires ou tout en nature, ou partie en espèces et partie avec des produits qu'ils récoltent.

Si on remonte avant 89, que ne payait-on pas alors en nature ! On payait ainsi jusqu'aux employés des administrations publiques. L'argent ne servait que d'appoint. Même dans l'industrie on payait de la sorte. Est-ce que les ouvriers qui étaient nourris chez les maîtres (les *chefs d'industrie* d'aujourd'hui) n'étaient point, par le fait de cette nourriture, payés partie en nature et partie en espèces ?

En résumé : le payement en nature serait un puissant moyen de moralisation, car, lorsque certains ouvriers ont leur paye de semaine ou de quinzaine dans leur poche et quelques gouttes d'alcool dans la tête, ils s'imaginent être propriétaires des mines de la Californie! Leur dépense ne s'arrête que lorsque le gousset est vide. La plupart des débauches n'étant le plus souvent que le résultat de la faiblesse et d'un amour-propre mal placé, il ne faut qu'un riboteur pour entraîner des camarades qui n'avaient un instant avant, d'autres pensées que celle de rentrer chez eux. Or ces excès n'ayant plus leur raison d'être, puisqu'on aurait peu d'argent à sa disposition, on prendrait ses repas au foyer domestique, les sentiments de famille se développeraient davantage, et les liens qui les unissent se resserreraient de plus en plus.

De l'association.

D'un bout du monde à l'autre les hommes, en naissant, éprouvent trois besoins matériels, auxquels il faut absolument satisfaire :

La nourriture;

Le vêtement;

L'habitation.

(*Nous négligeons ici, à dessein, les besoins moraux.*)

De ces trois besoins sont nées l'agriculture et la majeure partie des industries existantes aujourd'hui.

Aussi, n'est-ce que par l'une, ou par l'autre, qu'on peut satisfaire à ces besoins si impérieux.

Chaque être humain, pour se procurer sa nourriture, son vêtement et son habitation, a donc le même but à poursuivre.

Pour y parvenir, il n'y a qu'un moyen à employer, c'est le travail.

Or, la question se réduit tout simplement à savoir si ce but, commun à tous, est plus facile à atteindre en divisant les forces physiques et intellectuelles dont chacun dispose, qu'en les réunissant.

La division des forces, c'est la division des intérêts; la division des intérêts, c'est l'envie, le dénigrement d'autrui, c'est la calomnie, c'est une lutte terrible que se livrent entre eux les chefs d'industrie, c'est le despotisme, c'est l'esclavage et l'inertie tout à la fois; c'est la concurrence sans limites, c'est l'écrasement du faible par le fort, c'est le sauve-qui-peut général; c'est à qui se trompera le mieux, c'est la fraude, c'est le dol, c'est l'anarchie, c'est la misère enfin que nous subissons.

La division des intérêts, c'est l'anéantissement de la propriété par son morcellement indéfini; c'est la suppression de tout parcours si utile à la santé des bestiaux et à la qualité de leur viande. C'est l'appauvrissement du sol, c'est la confusion, c'est le chaos!

La réunion des intérêts, c'est le contraire de tout ce qui précède. C'est plus encore : c'est le maintien de la propriété dans les familles qui attachent du prix à sa transmission, sans aucune espèce d'inconvénient pour les ayants droit. C'est l'accord des intérêts de ceux qui possèdent avec les intérêts de ceux *qui vivent de leur travail;* toute cause de division cessant, c'est le *respect d'autrui et de sa chose,* c'est la liberté de chacun s'arrêtant où la liberté d'autrui est atteinte. C'est l'émulation, c'est l'ordre, c'est la paix, c'est le règne de la vérité, c'est le bonheur sur la terre.

La réunion des forces physiques et intellectuelles dans la commune, c'est l'association agricole et industrielle.

Là tout est facile pour l'association; les individus y étant groupés peuvent se voir tous les jours, sans déplacement, pour se concerter et s'éclairer mutuellement sur les meilleures mesures à prendre pour arriver à une bonne et prompte exécution de travaux.

En agriculture, les associés peuvent varier et multiplier leurs productions à l'infini : ils ne froissent aucun intérêt puisqu'il s'agit de répartir entre chaque associé des richesses qui n'appartiennent qu'à la Providence. Les associés n'ont point de pertes à éprouver; ils n'ont pour débiteur que le bon Dieu et le bon Dieu ne fait jamais faillite.

Si quelques accidents sont à appréhender, c'est l'exception. D'ailleurs ces accidents n'atteignent pas les récoltes de toute nature. En outre, des assurances bien combinées ne peuvent-elles pas mettre à couvert à cet égard ?

En agriculture, l'association *est plus facile à organiser qu'en industrie.* Les comptes peuvent toujours être clairs pour tout le monde ; en cas de liquidation, dans quarante-huit heures elle peut avoir lieu. Il suffit, dès le lendemain des récoltes, de se partager les produits, pour qu'elle soit définitivement close, ou de les porter au marché pour se distribuer de suite les valeurs de la vente.

En industrie, au contraire, la liquidation de la moindre maison de commerce, ou de la plus chétive association, exige souvent des années! Qui n'est point à même d'en faire la triste expérience en ce moment? qui n'a pas quelques bribes de son avoir retenues par des recouvrements que les liquidateurs de ces sortes d'affaires ne peuvent parvenir à opérer?

Pour bien faire comprendre avec quelle facilité les comptes d'une association agricole peuvent être rendus clairs et avec quelle simplicité il est possible de donner satisfaction au capitaliste, au grand et au petit propriétaire de terres, comme à celui qui n'a que son travail pour vivre, nous allons citer un exemple d'association qui existe en agriculture depuis plusieurs années, et présenter à la suite une hypothèse. On pourra mieux apprécier si nos affirmations sont exactes.

En 1840, M. le comte de B*** était à fin de bail d'une ferme de 500 hectares. Jusqu'à cette époque, M. le comte de B*** avait loué sa ferme à un prix fixe en argent; mais, soit que le prix de location fût trop élevé, soit par toute autre cause, toujours est-il qu'à la fin de son bail, le fermier ne voulut plus continuer aux mêmes conditions.

M. le comte de B*** tenait à ce fermier. Sa probité lui était connue ; il lui proposa donc de devenir son associé et le fermier accepta ;

Un inventaire des bâtiments, des terres labourables, des vignes, des prés, fut dressé ;

Le bétail de toute espèce fut compté et estimé pour qu'à la fin de l'association la même quantité fût rendue, ou au moins une valeur équivalente.

Une description et une évaluation des instruments aratoires eurent lieu afin de les rendre dans l'état où ils furent pris, excepté ceux usés ;

Depuis lors, le fermier est chargé de faire à ses frais tous les travaux nécessaires à une bonne culture ;

Le propriétaire paye les gages de deux garçons de ferme qui travaillent pour le fermier et qui sont nourris par lui.

Les impôts, les assurances sont payés moitié par le propriétaire, moitié par le fermier.

La première année, le propriétaire a fait tous les ensemencements ; les années suivantes, la dépense a été faite moitié par moitié.

A la fin de la première récolte, le propriétaire a prélevé les semences qu'il avait avancées, et tout le reste des produits a été partagé par moitié, et continuera à l'être jusqu'à la fin de l'association.

Lors d'une récolte quelconque, deux lots sont faits et tirés au sort. Le fermier rentre le sien à la ferme, et il conduit celui du propriétaire au lieu qui lui est indiqué

L'argent provenant des ventes de bétail, de fruits, de laines, ou de toute autre chose, est aussi partagé par moitié; mais les laitages sont entièrement abandonnés au fermier.

Voilà ce qui existe, depuis 1840, à la satisfaction réciproque des deux associés.

Supposons que M. le comte de B., au lieu d'avoir un seul individu pour associé, en ait eu dix; sa position eût été exactement la même, seulement les dix associés auraient eu à partager, entre eux, la part qui a été dévolue à l'associé de M. le comte de B., partage qui pourrait avoir lieu de la manière suivante:

On ferait masse de toutes les journées de travail des associés, masse que nous allons supposer s'élever à *deux mille huit cents* journées;

Supposons aussi que le blé à partager, s'élève à 8,400 kilogr. et qu'on les divise entre les 2,800 journées: on aura pour chaque journée 3 kilogrammes.

Supposons encore qu'un des associés ait travaillé 310 jours, il lui reviendra donc 930 kilogr. de blé; celui qui aura travaillé 299 jours, recevra 897 kilog.; enfin à celui qui n'aurait que 80 jours, il ne serait donné que 240 kilogr. et ainsi de suite pour tous les associés au prorata de leurs œuvres.

On procéderait de même pour les pommes de terre, les haricots, le vin, le cidre, etc., ainsi que pour l'argent provenant de la vente des produits qu'on n'aurait point à partager. Par exemple, s'il s'agissait de donner aux intéressés ce qui leur reviendrait dans une somme de 700 fr., on diviserait cette somme par 2,800 journées qu'on supposerait avoir été faites et l'on aurait au quotient 25 centimes. En conséquence : pour 310 journées, on recevrait 77 fr. 50 c.; pour 299 journées, 74 fr. 75. Enfin, pour 80 journées, 20 fr. seulement, etc. Telle est la base qu'on devrait employer pour répartir entre les divers intéressés tous les autres produits et denrées quelconques.

Quant aux personnes qui rempliraient des fonctions plus importantes, rien ne serait plus facile que de déterminer la plus-value qu'elles devraient recevoir pour les services qu'elles pourraient rendre dans l'association.

AUTRE FORME D'ASSOCIATION.

Ici, encore, ce n'est point du nouveau que nous présentons : c'est tout simplement la *forme de la société anonyme* que nous supposons être appliquée au travail de l'agriculture. La seule différence qu'il y aurait dans le résultat de cette application, c'est qu'au lieu de répartir les bénéfices nets au prorata du nombre d'actions de chacun, comme le font les compagnies de chemins de fer, on les répartirait d'après les salaires payés et l'intérêt servi aux capitaux engagés (1).

(1) La forme de la société anonyme est la seule qui convienne aux associations d'ouvriers ; il suffirait de la moindre modification apportée dans un ou deux de ses articles pour que cette loi ne laissât rien à désirer.

L'ouvrier a besoin d'avoir sa liberté d'action et la faculté de quitter

Nous allons supposer une association formée par dix individus faisant les apports suivants.

Du nombre des associés et de leurs apports.

Apports en terres.

Le 1er associé :	40 hect.	. . à raison de 1,000 l'hect., ci.		40,000 fr.
Le 2e —	20 —	à raison de 1,400 —		28,000
Le 3e —	10 h. dont	4 hect. à 1,600 ci 6,400 3 — à 1,000 3,000 3 — à 1,800 5,400		14,800
Le 4e —	18 —	à raison de 900 l'hect.		16,200
Le 5e —	5 hect. de vigne	à 1,100 —		5,500
Le 6e —	2 —	— 2,000 —		4,000
Le 7e —	1 hect. 1/2	— 1,200 —		1,800
Le 8e —	1/2 hectare	— 1,500 —		750
Le 9e —	Néant.			»
Le 10e —	Néant.			»
Ensemble.	97 hectares,	estimés à.		111,050 fr.

Apports en argent.

Pour cultiver la terre il faut avoir un matériel, des chevaux, des bestiaux, des instruments aratoires, du blé et des denrées de toutes sortes, pour ensemencer dès la première année; enfin, un fonds de roulement pour payer la main-d'œuvre, la location des bâtiments nécessaires à l'exploitation, etc., etc. Ces dépenses sont évaluées ensemble à 15,000 fr.

---

l'association s'il s'y trouve mal à l'aise ; et la société, celle de renvoyer celui de ses membres qui s'expose à s'en faire exclure. Ces facultés réciproques devraient pouvoir s'accomplir sans recours aux formalités judiciaires.

Le 1er associé apporte...			650 fr.
Le 2e	—	—	800
Le 3e	—	—	500
Le 4e	—	—	900
Le 5e	—	—	1,800
Le 6e	—	—	2,000
Le 7e	—	—	1,200
Le 8e	—	—	300
Le 9e	—	—	6,850
Le 10e	—	—	»
		Ensemble..	15,000 fr. d'apports en argent.

Des valeurs de deux espèces se trouvent donc engagées dans cette association pour des sommes très-différentes entre elles. Huit associés apportent des terres et de l'argent; l'un d'eux n'apporte que de l'argent; le dixième associé enfin, n'apporte rien, mais il travaillera ainsi que les huit autres qui font des apports.

Comment donnera-t-on satisfaction à ces divers intérêts, sans en froisser aucun?

Rien n'est plus facile : AVEC DE LA BONNE VOLONTÉ : avec cette force sans pareille, avec ce puissant levier, les difficultés les plus grandes s'aplanissent et les questions les plus ardues se résolvent.

Dans l'*atelier agricole*, l'argent, la terre et le travail se réunissent pour produire aussi abondamment que possible.

Ces trois agents, qui agissent dans un même but, vivent en accord parfait en remplissant leurs fonctions.

Tous trois reçoivent une rémunération pour leur

concours dans la proportion des services qu'ils rendent.

Le travail la reçoit sous forme de salaire; la terre et l'argent sous celle d'intérêt à raison de *tant* pour cent.

Tout, jusqu'ici, semble être pour le mieux.

Cependant, ces trois forces qui, dans l'action, avaient compris que leurs intérêts étaient étroitement liés, qui avaient vécu en bonne harmonie, se divisent, tout à coup, et cessent de s'entendre, juste au moment du triomphe, au moment même où chacun semble avoir reçu la récompense de ses efforts!

D'où viennent cette division, ce mécontentement? Quelles en sont les causes? Qui est l'opprimé? qui est l'oppresseur?

L'oppresseur : ce n'est pas la terre. Ses prétentions sont trop modestes, puisque généralement avec *trois pour cent* de sa valeur on la contente.

Ce n'est pas non plus l'argent, puisque avec *cinq pour cent* de son capital on le satisfait et, qu'à la rigueur, le travail et la terre pourraient, en se réunissant l'un à l'autre, se passer de lui.

L'oppresseur n'est pas non plus le travail : car il ne pourrait s'opprimer lui-même.

Il n'y a donc point d'oppresseur, il n'y a donc point d'opprimé, mais il y a un fâcheux malentendu qu'avec de la bonne volonté et de l'initiative on peut faire cesser.

Qu'est-ce que c'est que la terre? C'est le *fruit du travail* de celui qui en est le propriétaire, ou le *fruit du travail* de ses ancêtres;

Qu'est-ce que c'est que l'argent pour celui qui en possède ? *C'est le fruit de son travail* ou *le fruit du travail* de ses aînés;

Qu'est-ce que c'est que le salaire? C'est le *fruit d'un* travail quelconque;

Or, le *salaire*, l'*argent*, la *terre*, tous trois sont : FRUITS DU TRAVAIL ; ces trois propriétés ont la même origine, elles sont sœurs de naissance : le travail est leur père et la production est leur mère.

A moins de nier le principe d'hérédité, ces trois enfants ont droit à une part dans les bénéfices qui peuvent rester, après avoir reçu, chacun en ce qui les concerne, un salaire ou un intérêt suivant leur participation au travail.

En conséquence, comme le salaire et les intérêts payés sont les signes représentatifs des trois forces : terre, argent et travail, qui ont concouru à la production, ce salaire et ces intérêts serviront de base pour répartir aux uns et aux autres les bénéfices qui peuvent leur revenir.

En agissant de la sorte, ce ne sera pas seulement justice, ce sera, en même temps, rationnel et logique.

L'inventaire fictif, qu'on supposera dressé après une année d'exploitation, offrira les éléments nécessaires pour déterminer individuellement les parts proportionnelles revenant à chacun.

De l'administration de la société.

L'administration de la société serait confiée à un

conseil composé de trois membres nommés par l'élection et révocables par la majorité. Le président de ce conseil serait chargé de faire exécuter toutes les décisions prises. Il tiendrait la comptabilité ; l'un des trois membres tiendrait la caisse.

Le président serait seul tenu de demeurer dans les bâtiments destinés à l'exploitation de la ferme et un local lui serait en conséquence spécialement affecté.

Des salaires.

Le salaire de chaque associé serait déterminé au moment de former la société.

Les prix en usage dans la localité où siégerait la société, serviraient de base pour les fixer. On suppose que, dans l'espèce, le prix de la journée est fixé à 3 francs.

Il serait ajouté 40 pour 100, plus ou moins, pour indemnité de gestion, au traitement du directeur de l'association, et 20 pour 100, plus ou moins, au traitement de chaque membre du conseil.

Chacun prendrait sa nourriture comme il l'entendrait et où bon lui semblerait. Cependant si les circonstances l'exigeaient, le directeur serait obligé de nourrir, aux frais de la société, les personnes qui en auraient besoin.

De la comptabilité.

La comptabilité serait tenue dans la forme la plus simple possible ; les associés y auraient deux comptes ouverts : l'un, pour inscrire les produits qui pourraient être livrés aux membres de l'association; l'autre, pour y porter les sommes qui pourraient leur être payées pour salaire s'ils avaient travaillé pour la société; chacun des intéressés serait porteur d'un carnet sur lequel la reproduction de leur compte sur les livres de la société aurait lieu.

Résumé de l'inventaire fictif.

Les écritures, arrêtées le 31 décembre qui suit la première année d'exploitation, présentent le résultat suivant :

Passif supposé.

Les 8 associés propriétaires des terres, ensemble	111,050 »	
Intérêts à 3 p. 0/0 sur cette somme...	3,331 50	114,381 50
Les 9 associés qui ont apporté des capitaux, ensemble	15,000 »	
Intérêts à 5 p. 0/0 sur cette somme...	750 »	15,750 »
Excédant de l'actif sur le passif représentant le bénéfice		20,228 50
Total égal à l'actif		150,360 »

Actif supposé.

Terres, montant de leur valeur	111,050 »	
Espèces en caisse	5,900 »	
Bestiaux et matériel (moins 10 p. 0/0 pour dépréciation)	16,150 »	
Semences diverses mises en terre	2,000 »	135,100 »
A reporter		135,100 »

Report..........		135,100 »
Blé en magasin 10,400 k. à 50 c......	5,200 »	
Pommes de terre 26,800 k. à 10 c.....	2,680 »	
Pois secs 14,680 k. à 25 c...........	3,670 »	
Haricots secs 8,400 k. à 30 c........	2,520 »	
Vin 2,800 lit. à 30 c................	840 »	
Cidre 3,500 lit. à 10 c..............	350 »	15,260 »
Total de l'actif.........		150,360 »

Comme on le voit, il ressort de l'inventaire que l'excédant de l'actif sur le passif est de 20,228 f. 50, y compris les denrées en magasin et les semences mises en terre, estimées au cours du jour où les écritures ont été closes.

Les associés décident :

1° Que sur les 5,900 fr., d'argent en caisse, il n'en sera partagé que les deux tiers, ou 3,933 f. 32 ;

2° Que tous les blés étant ensemencés, on pourra partager ce qui en reste de disponible ;

3° Quant aux pommes de terre, aux pois et aux haricots, il sera fait une réserve de 10 pour 100 nécessaire aux ensemencements ;

4° Que le vin et le cidre se partageront sans réserve préalable.

Opération à faire pour répartir les bénéfices.

Conformément à ce qui a été déterminé page 38, les sommes payées pour intérêts des apports et pour le salaire, devant servir de base à la répartition des bénéfices, il convient de les réunir comme suit :

Il a été soldé pour la main-d'œuvre.	7,560 f.	» c.
— aux apports en argent.	750	»
— aux apports en terre.	3,331	50
Ensemble. . .	11,641 f.	50 c.

Avec cette somme de 11,641 fr. 50 c. on va diviser :

1° Les deux tiers de l'argent en caisse,

2° La quantité de kilogrammes de blé,

3° Celle de kilogr. de pommes de terre,

Enfin tout ce qui est à partager.

Toutes ces divisions étant faites, le chiffre trouvé aux quotients sera le terme de proportion pour 100 auquel aura droit chaque intéressé, dans l'argent comme dans les produits à partager. On multipliera ensuite par ce terme de proportion la somme qu'aura reçue chaque associé, soit pour son salaire, soit à la fois pour l'intérêt de son apport et pour son salaire s'il a travaillé ; et le résultat de cette multiplicatiou sera la part à lui revenir.

Le tableau ci-contre indiquant les choses à répartir, ainsi que les quatre exemples qui vont suivre et que nous avons choisis, de préférence, en raison de la diversité des intérêts des associés, compléteront notre démonstration.

Bénéfices ou profits à partager.

L'argent et les quantités de produits à partager, étant divisés par les 11,641 fr. 50 c. représentant le solde des intérêts et salaire, donnent les termes de proportion ci-après, savoir :

				Termes de proportion.
Pour	3,933 fr.	32 c.	d'espèces. . .	33,78
—	10,400	»	kil. de blé. . .	89,33
—	24,120	»	kil. pommes de terre. . .	207,19
—	13,212	»	kil. pois secs. .	113,49
—	7,560	»	k. haricots secs.	64,94
—	2,800	»	litres de vin. .	24,05
—	3,500	»	litres de cidre. .	30,06

Premier exemple de répartition individuelle.

L'intérêt à 3 pour 100 à servir au premier associé pour son apport en terre estimé à 40,000 fr., lui a donné. . . . . 1,200 fr. » c.

L'intérêt à 5 pour 100 de son apport argent (650 fr.). 32 50

La main-d'œuvre (il n'en a point). . . . . » »

La somme qui lui a été payée s'élève à. . . . . 1,232 fr. 50 c.

laquelle somme multipliée par les termes de proportion :

33,78	lui donne :	pour les espèces.	416 fr. 35 c.
89,33	—	sur les pommes de terre	2,553k 60
207,19	—	sur le blé.	1,101 »
113,43	—	sur les pois secs.	1,393 75
64,94	—	sur les haricots.	800 40
24,05	—	pour le vin.	296l 40
30,06	—	pour le cidre.	370 50

Deuxième exemple.

L'apport du huitième associé consiste :

1° En terre, qui lui produise, au taux de 3 pour 100. . . . . 22 fr. 50 c.

2° En argent, qui lui produise, au taux de 5 pour 100. . . . . 15 »

3° En main-d'œuvre. . . . . 300 »

La somme qu'il a reçue, et qui s'élève à. . . . . 337 fr. 50 c.

étant multipliée, comme au premier exemple par le terme de proportion afférent à chaque matière, il obtient ses parts ainsi qu'il suit :

33,78	lui donnant :	pour les espèces, ci.		114 fr. » c.
89,33	—	sur le blé.	301k 50	
207,19	—	sur les pommes de terre.	699 25	
113,43	—	sur les pois secs.	383 »	
64,94	—	sur les haricots.	219 20	
24,05	—	pour le vin.	81l 15	
30,06	—	pour le cidre.	101 45	

Troisième exemple.

Le neuvième associé n'a pas de terre, mais il a fait un apport en argent dont l'intérêt à 5 pour 100, lui donne. . . . . 342 fr. 50 c.

Il reçoit pour sa main-d'œuvre. . . 355 »

Total. . . 697 fr. 50 c.

Ce total, multiplié par les mêmes termes de proportion qu'aux deux exemples précédents,

33,78	lui donne :	pour les espèces................		235 fr. 60 c.
89,33	—	pour le blé............	623k 07	
207,19	—	pour les pommes de terre.	1,445 15	
113,43	—	pour les pois secs......	791 60	
64,94	—	pour les haricots.......	452 95	
24,05	—	pour le vin............	167l 75	
30,06	—	pour le cidre..........	209 65	

Quatrième exemple.

Le dixième sociétaire n'a apporté ni terre, ni argent, il n'a donc rien à prétendre en intérêts, mais il a travaillé pour une somme de. . . . . . 925 fr.

Ce qui lui donne droit au partage de l'encaisse et des denrées selon les calculs indiqués déjà aux trois premiers exemples, et dont nous ne donnons plus ici que les résultats de revient; savoir :

En espèces..............................		312 fr. 45 c.
blé.....................	826k 30	
pommes de terre..........	1,916 50	
pois secs................	1,049 78	
haricots.................	600 70	
vin......................	222 49	
cidre....................	278 05	

Nous ne poursuivrons pas plus loin les exemples, car pour peu qu'on y ait mis du bon vouloir, on aura reconnu :

1° Que le nombre des intéressés, dans ce genre d'association, peut être très-grand ;

2° Que leurs apports en terres et en argent peuvent être très-différents les uns des autres;

3° Que des associés qui font des apports peuvent travailler;

4° Que d'autres, tout en faisant des apports, peuvent ne rien faire;

5° Enfin, que des individus, ne faisant aucun apport, peuvent faire partie d' une association agricole et que, malgré la diversité des intérêts engagés dans l'association, on parvient facilement à donner satisfaction pleine et entière à tous.

Des encouragements agricoles.

Les encouragements agricoles et des concours en tout genre ne sauraient être trop variés ni trop multipliés; les comices agricoles de France ne peuvent point admettre toute espèce d'animaux aux concours. Mais dans la commune, c'est différent; ces concours auraient lieu pour le volatile comme pour le quadrupède et ce serait exciter les enfants au travail, car les enfants, et même bien des hommes, quelque mal disposés qu'ils soient à exécuter un ouvrage manuel quelconque, iront toujours volontiers fourrager pour donner la nourriture aux animaux, attendu qu'ils se feraient un cas de conscience de les laisser jeûner par paresse.

Les prix à décerner ne le seraient pas seulement à celui qui produirait les plus beaux élèves, mais ils le seraient aussi à ceux qui feraient multiplier davantage.

En vue d'augmenter le travail et la production, les encouragements devraient avoir lieu aussi à l'égard de ceux qui feraient produire plusieurs récoltes à la terre dans une année, soit en produits utiles à l'homme, soit pour les animaux herbivores.

Les produits qui coûtent peu de main-d'œuvre ne devraient point être négligés pour cela. Les élèves d'abeilles méritent d'être fortement encouragés, car le miel et la cire sont des produits aussi précieux qu'utiles.

La culture du noyer devrait être aussi très-développée, attendu qu'il donne un bois utile et son fruit une huile excellente.

Enfin, maints autres produits sont à favoriser dans leur extension en raison des localités qui leur sont propres.

Des concours d'animaux de toute espèce auraient donc lieu dans la commune deux fois par an ; pour les races chevaline et bovine, une fois seulement.

Pour les races chevaline et bovine, ils pourraient s'ouvrir au chef-lieu du canton et de l'arrondissement, puis à celui du département, et enfin au grand marché de Poissy.

Ceux qui auraient remporté des prix à la commune pourraient concourir au chef-lieu du canton;

Ceux qui remporteraient des prix au chef-lieu du canton seraient admis au concours du chef-lieu d'arrondissement d'où ils passeraient, s'ils étaient vainqueurs, au chef-lieu du département et de là, enfin, dans l'hypothèse du succès, au concours général de Poissy.

Les prix décernés pourraient n'être, afin d'amoindrir la dépense, que des médailles d'une valeur matérielle presque insignifiante, mais auxquelles se rattacherait une grande valeur morale et qui augmenterait en raison du lieu où elles auraient été obtenues.

Enfin tous les stimulants propres à exciter l'homme au travail devraient être employés. Le travail développe l'intelligence et moralise l'individu.

Du four communal.

Comprend-on qu'il y a peut-être encore en France plus des trois quarts des communes qui n'ont pas de four communal !

Aussi les pauvres paysans souffrent-ils horriblement quand ils deviennent vieux, quand les dents viennent à leur manquer. La plupart sont obligés de faire tremper leur pain dans l'eau pour pouvoir le manger.

Voici le fait : chaque individu a son four et ne le chauffe que le moins possible par économie. On cuit donc du pain pour un et même deux mois. Malgré cette précaution très-gênante, la dépense, pour cuire seul son pain dans son four, revient encore fort cher.

Dans les endroits où il n'y a point encore de four communal, il en serait construit un.

Le four serait affermé à un individu qui le chaufferait à ses frais une ou deux fois par semaine.

Chaque habitant porterait cuire son pain moyennant une rémunération qui aurait été convenue, soit en pâte du pain à cuire, soit en argent, lors de l'affermage.

Alimentation d'eau.

Il existe un grand nombre de communes où les habitants n'ont pour s'alimenter d'eau que de sales mares, des égouts fangeux, où vont s'abreuver les bestiaux. Dans les temps de sécheresse, ces habitants sont obligés d'aller à plusieurs kilomètres de leur habitation pour se procurer l'eau à leur usage et pour y conduire leurs bestiaux pour les abreuver.

Des puits seraient construits dans les communes où il en manque, ou, encore, des réservoirs qui pourraient être alimentés par ces puits, à l'aide de moulins à vent comme cela existe déjà en plusieurs endroits.

A ces puits, à ces réservoirs, des pompes foulantes et aspirantes pourraient être établies afin d'élever l'eau aussi haut que possible au besoin.

Du service des pompiers.

La commune posséderait une ou plusieurs pompes à incendie ; le service de ces pompes serait fait par un certain nombre d'habitants exercés à leur manœuvre, conformément à ce qui existe déjà ailleurs.

Du lavoir et des bains.

Si les habitants de certaines localités sont privés d'eau à des époques de sécheresse, nous ne nous doutons guère, nous autres hommes, de toutes les souffrances que parfois endurent de pauvres femmes pour blanchir notre linge.

Dans la plupart des villages, ces excellentes ménagères, tel temps qu'il fasse, sont obligées d'aller laver le linge dans des endroits non couverts ; exposées à toutes les chances des saisons et souvent à des distances de plusieurs kilomètres de leurs demeures.

Les jours de lessive, on les voit partir la hotte pleine de linge pour aller remplir cette mission ; s'il fait beau temps, souvent elles ont un enfant par la main, si ce n'est dans les bras.

S'il fait mauvais, elles enferment les bambins à la maison et chargent une voisine de veiller sur eux, et, coiffées d'un large chapeau de paille qui ne les préserve pas d'être mouillées, elles vont laver, sans plaintes et sans murmures, jusqu'à la dernière loque de leur linge, bien que généralement elles n'aient pour réparer leurs forces qu'un morceau de pain dans leur poche, et pour boisson l'eau où elles lavent.

Dans chaque commune un lavoir devrait donc être établi où l'on irait gratuitement laver son linge.

Certains jours de la semaine, une ou deux fois, à des heures déterminées, moyennant une faible rétribution, on y trouverait de l'eau chaude.

L'établissement de bains serait situé à côté du lavoir afin que la même cuve servît à chauffer l'eau des deux établissements.

Ces bains ne seraient ouverts que les jours où le lavoir donnerait de l'eau chaude. Ils seraient disposés par cabinets séparés. On payerait une rétribution aussi modique que possible pour s'y baigner.

De la bibliothèque.

La bibliothèque serait établie dans la salle destinée à la mairie ou à la salle d'école. Elle contiendrait des livres de religion, de morale, des manuels traitant de l'agriculture, de l'horticulture et des diverses professions du bâtiment, et se développerait au fur et à mesure des ressources.

Les heures d'ouverture les jours fériés, seraient combinées avec celles consacrées aux offices et exercices religieux, ainsi qu'avec les heures où les travaux journaliers sont généralement suspendus.

Réglementation des veillées d'hiver.

Dans beaucoup de communes, les paysannes dans un but d'économie de combustible et de luminaire, se réunissent dans des caves pour y travailler durant les longues soirées d'hiver. Ces réunions, où se disent des choses souvent fort peu convenables, devraient être réglementées : elles pourraient avoir lieu dans la salle du four communal, disposée à cet effet, ou dans les salles d'école.

Les enfants, les plus instruits des écoles des filles et des garçons, pourraient, à titre de récompense, aller chacun leur tour dans ces réunions, pour y lire à voix haute des choses à la fois morales et instructives.

De la fête patronale.

Des fêtes, des jeux, des distractions sont nécessaires à l'existence de l'homme. Tous les êtres de la nature aiment à jouer et à rire. Depuis le plus petit insecte jusqu'au quadrupède le plus colossal, chaque espèce d'animaux joue ensemble. Qu'on empêche donc un enfant de jouer! c'est impossible : quand il n'a pas de camarade, il joue tout seul, ou s'ennuie jusqu'aux larmes. D'ailleurs la religion non-seulement ne défend pas les jeux innocents, elle les encourage au contraire.

La distraction est aussi nécessaire à la vie morale et intellectuelle de l'homme que la nourriture matérielle l'est au corps.

Qu'on se figure donc, en effet, ce que peut devenir au moral un pauvre être attaché à un métier quelconque, toute sa vie, pendant quinze, seize et dix-sept heures par jour, depuis le 1er janvier jusqu'au 31 décembre!!! Qu'est-ce que doit être l'existence pour lui!

Tous les ans à la fête patronale de la commune, une rosière serait couronnée.

Indépendamment des jeux ordinaires établis sur les promenades publiques, il y aurait une course de chevaux appartenant à la commune et des prix modestes seraient décernés aux vainqueurs.

Le soir, pour terminer la fête, un feu d'artifice serait tiré; quelques fusées, quelques effets produits avec un peu de poudre, divertissent les habitants de la campagne, et toutes ces récréations peuvent s'obtenir avec une bien minime dépense.

Des promenades publiques.

Des emplacements destinés aux promeneurs seraient créés ; il y serait planté des arbres en vue d'embellissement et d'agrément. On y réunirait les divers jeux que la jeunesse se plaît à inventer. On y établirait des tours d'adresse, des exercices de force et de gymnastique.

Avec quelques morceaux de bois et quelque peu de main-d'œuvre, il serait bien facile de réaliser tout cela.

De la salle d'amusements.

Il ne s'agit point ici de bâtir une salle d'opéra ni de former une troupe d'acteurs. Il ne faut que des expériences de physique amusante, une lanterne magique, quelques parades, quelques effets d'optique, soit en plein air, soit dans une grange, afin de distraire les enfants, tous les dimanches ou tous les quinze jours, ou même une fois par mois.

Société des fêtes et des jeux.

Une proposition de cette nature peut paraître puérile au milieu de plusieurs autres très-sérieuses, mais, nous l'avons dit ailleurs, tout ce qui tend à stimuler l'homme au travail, à l'étude, ce qui peut le prédisposer à réglementer toute chose et lui inculquer des principes d'ordre, doit être employé à l'égard de la jeunesse.

Quel est l'imberbe qui, même avant dix-huit ans, ne désire pas paraître un homme, et ne se le croirait-il pas déjà, s'il faisait partie d'une société où il aurait, les jours de fête, la mission de maintenir l'ordre public?

Les jeunes gens, les célibataires et même les hommes mariés, jusqu'à trente ans, pourraient faire partie de cette société.

L'âge pour y entrer serait indifférent, seulement il faudrait savoir ses quatre règles et la tenue des livres.

Chaque sociétaire payerait une faible cotisation qui servirait, avec les produits des divers jeux, à multiplier et à varier l'ordonnance des fêtes.

Chaque membre serait de service, à tour de rôle, pendant un, deux ou trois mois.

Les fonctions à remplir par tous les membres de service consisteraient à faire gratuitement :

1° Tous les travaux qu'exigeraient les préparatifs des fêtes et des jeux ;

2° A monter, à démonter et à remettre en dépôt les objets dont il serait fait usage;

3° A maintenir le bon ordre pendant la durée des réunions et des célébrations ;

4° A faire suivant le besoin les préparatifs pour les concours d'animaux, et les apprêts nécessaires à la célébration annuelle de la fête patronale.

Cette société aurait un conseil d'administration rééligible chaque année par tiers.

Les membres de service sur le lieu des fêtes, porteraient un brassard pour signe distinctif.

Le prix des jeux serait aussi modique que possible.

Du conseil des prud'hommes.

La plupart des procès que se font entre eux les habitants de la campagne n'émanent généralement que de choses très-insignifiantes, souvent même ils prennent leur source dans de misérables commérages.

L'observateur consciencieux qui par hasard est témoin de ces petits scandales qu'engendre l'ignorance, ne peut qu'être profondément affligé en pensant à l'irritation que ces procès doivent entretenir parmi les habitants d'un même lieu.

L'établissement d'un conseil de prud'hommes dans la commune, serait d'une grande utilité. Quelques heures consacrées par semaine par un *tribunal de famille,* éviteraient bien des pertes de temps et d'argent à tous ces pauvres diables, en leur faisant comprendre par de bons conseils tout ce qu'il y a de ridicule et de peu chrétien, tout à la fois, dans leur conduite et leur obstination.

Toutes les questions seraient donc renvoyées devant ce conseil pour y être conciliées. On y renverrait même les causes de calomnie avant de se pourvoir devant la juridiction compétente; en cas de non-conciliation, il serait dressé, séance tenante, un procès-verbal des motifs de division, et les parties seraient invitées à signer la véracité de sa teneur.

Si une des parties s'y refusait, mention de la nature de ce refus serait consignée audit procès-verbal, qui serait transmis au greffe du tribunal où l'affaire devrait être suivie sur la demande de la partie la plus diligente.

Du règlement de voirie dans la commune.

Si jusqu'ici la formation d'une commune n'a point eu lieu d'après une loi ou d'après un décret, on a eu souvent à regretter les dépenses énormes qu'on a été forcé de faire pour réparer les fautes de ceux qui ont planté certaines communes devenues ensuite des villes.

Il en est peu de ces dernières qui n'aient encore (ce qu'il faudra des siècles pour supprimer) de ces ruelles étroites à élargir, de ces impasses à percer et de ces quartiers insalubres, qui n'existeraient pas si chaque individu n'avait pas eu la faculté de bâtir à sa fantaisie, sans être guidé par aucun but d'avenir.

En conséquence, un plan, déterminant la délimitation de la commune, serait dressé. Personne n'aurait le droit de bâtir en dehors de ce plan, qu'autant qu'il y serait autorisé par le conseil de préfecture.

Quiconque voudrait bâtir dans la commune devrait, préalablement, soumettre son projet à l'autorité compétente qui n'autoriserait la construction qu'autant qu'on se renfermerait dans les règlements établis par l'autorité supérieure pour tout ce qui a rapport tant aux dispositions hygiéniques qu'aux formalités prescrites pour les alignements.

En sauvegardant les intérêts de tous, ce n'est pas entraver la liberté individuelle, c'est seulement la réglementer.

De la législation actuelle.

Pour être éclairé sur l'imperfection des lois qui nous régissent, sur leur insuffisance et tout à la fois sur leur impuissance, puisque les mêmes coupables après avoir été punis ne reviennent que plus souvent devant la justice, il ne faut que fréquenter, pendant quelque temps, nos conseils de prud'hommes, nos justices de paix, nos tribunaux de commerce, de police municipale, de police correctionnelle et enfin la cour d'assises.

Mais il ne faut pas aller là en curieux vulgaire pour entendre l'éloquence de tel ou tel avocat célèbre, ou pour éprouver certaines émotions, ni pour rire soit de ces bons mots dont des êtres pervertis font parade pour fixer sur eux l'attention, soit de ce jargon qu'ils se créent entre eux pour mieux déguiser les indignes projets qu'ils ne cessent de former contre la vie des particuliers et contre la société tout entière; il faut y assister avec le désir sincère de s'éclairer sur les causes primitives qui produisent tous les effets affligeants dont on est témoin.

Ce qu'on y voit démontre de la manière la plus simple et la plus claire que la législation est incomplète et insuffisante. Elle est incomplète en ce sens que, s'il me convenait, par exemple, de faire un procès à vous, lecteur, bien que je ne vous aie jamais vu et que nous n'ayons jamais eu de rapports ensemble, il me suffirait de savoir votre nom et votre adresse pour me donner cette satisfaction. Je pourrais vous poursuivre en justice, et vous conduire de tribunal en tribunal; vous faire perdre votre temps, vous faire dépenser jusqu'à 10,000 francs, avant que vous ayez pu me prouver que vous ne me connaissez pas! Oui, je pourrais faire cela sans que j'aie à appréhender la sévérité d'aucune loi pour une conduite aussi blâmable de ma part.

La législation actuelle n'est sévère qu'à l'égard des petits voleurs. Quant aux grands, ils jouissent d'une sécurité parfaite. La preuve c'est que celui qui vole un pain de 2 kilogrammes, parce qu'il a faim, peut être condamné aux galères selon les circonstances dans lesquelles le vol aura été commis, et ce qu'il y a de plus monstrueux, il peut être condamné à cela par le boulanger même à qui le pain a été volé, lorsque ce même boulanger, pour voler tous les jours 20 et peut-être 100 kilogrammes de pain en vendant à faux poids, s'il est pris, ne sera condamné qu'à 5 francs d'amende!

Celui qui a volé les 2 kilogrammes de pain peut être condamné encore par un autre juré qui, la veille de se mettre en faillite, emprunte 10, 15, 20,000 fr., tout ce qu'il peut, lorsque lui, pour un fait de cette nature, pour avoir quelquefois compromis, ruiné des vieillards, des familles entières, il n'est exposé à subir aucune peine! Il y a plus : comme il se fait passer pour avoir éprouvé des malheurs en affaires, généralement on s'intéresse à lui.

D'après notre législation, celui qui vend quoi que ce soit, ou qui exécute pour autrui des travaux quelconques, peut impunément tromper sur le prix, sur la qualité et sur la quantité.

Celui qui doit à n'importe qui, pour quoi que ce soit, paye le prix *qu'il veut*, paye *quand il veut*, et ne paye pas du tout s'il ne *veut pas payer*.

Mieux vaut, a-t-on dit, prévenir que d'avoir à réprimer. La législation est au rebours de ce principe, elle n'est faite qu'en vue de réprimer, toujours réprimer. Un effet nouveau se produit, au lieu d'en chercher la cause pour en prévenir le retour, vite une loi est faite pour réprimer l'effet; mais qu'arrive-t-il de cela? c'est que les délinquants s'appliquent tellement à étudier la loi, qu'ils agissent de manière à s'arrêter dans leurs méfaits juste au point où elle pourrait les atteindre, de sorte qu'on ne peut réellement les saisir qu'en faisant ce qu'ils appellent de l'arbitraire.

La législation devrait donc subir de profondes modifications; elle devrait n'avoir d'autre but que celui de prévenir. Elle devrait être basée sur ce grand principe d'équité, *que quiconque porte atteinte aux intérêts, à la considération et à la liberté d'autrui, doit réparation complète de tous les préjudices causés.*

La législation une fois ramenée à ce principe fondamental, les jugements *seraient rendus d'après la lettre de la loi.*

Voilà l'ensemble des institutions qu'il faut établir dans la commune, et les modifications à faire subir à nos lois, si on tient à prévenir les désordres industriels qui se produisent, et si on veut retirer des bras à l'industrie pour les rendre à l'agriculture;

Voilà ce qui empêchera les grèves d'ouvriers, ce qui préviendra les scènes affreuses de Buzançais, et ce qui ôtera tout prétexte aux révolutions;

Voilà ce qui fixera l'homme au sol où il naît;

Voilà ce que les instincts que Dieu a donnés à l'homme indiquent que l'on fasse;

Voilà enfin les moyens les plus efficaces à employer pour parvenir à éteindre la misère.

EXPOSÉ FIDÈLE

de la position physique et morale d'un certain nombre d'ouvriers habitant Paris, considérés comme devant être heureux.

Pour parvenir à bien connaître la vraie situation de la classe ouvrière, il serait nécessaire quand on fait une enquête de la diviser en deux catégories.

La première devrait comprendre les ouvriers composant le noyau des établissements ;

La deuxième ceux qui forment ce qu'on appelle la partie flottante.

Les ouvriers de la première catégorie travaillent à peu près toute l'année;

Ceux de la deuxième ne travaillent que quand l'ouvrage s'augmente et abonde.

Ne pouvant donner à l'égard de ces derniers des détails aussi véridiques que pour les premiers, nous nous abstiendrons de présenter ici le tableau de leur malheureuse existence; mais on y suppléera en la mettant en contraste avec celle des ouvriers presque toujours occupés, et dont nous présentons ci-après le relevé, en affirmant que loin d'exagérer les faits nous sommes resté, au contraire, constamment au-dessous de la vérité. On reconnaîtra enfin tout ce qu'il faut d'ordre et d'économie pour donner satisfaction à tant de besoins !

Le **PREMIER** : 59 ans; 28 ans de mariage. Pas d'autre charge de famille que 5 enfants dont un est mort fort jeune. Ne manque presque jamais d'ouvrage. Il est à la Maison depuis 23 ANS.

Le **DEUXIÈME** : 48 ans d'âge; 22 ans de mariage. Il a eu à sa charge son beau-père pendant deux ans et un frère durant trois. Il a eu quatorze enfants; il ne lui en reste que quatre, dont trois filles, encore à sa charge. Les dix autres sont morts en bas âge (de 1 à 4 ans). Lui et sa femme ont été souvent malades. Travaille pour la Maison depuis 22 **ANNÉES** et y a rarement manqué d'ouvrage.

Le **TROISIÈME** : 52 ans; 19 ans de mariage. 11 ans sa belle-mère à sa charge; sa femme, plusieurs années malade; a eu cinq enfants : l'un d'eux est mort à 2 ans, après deux mois de maladie; et l'un des quatre est resté malade 3 années durant. Lui-même a fait plusieurs fortes maladies. Manque peu d'ouvrage; travaille à la Maison depuis 20 ANS.

Le QUATRIÈME : 39 ans; 13 ans de mariage. A eu son père à sa charge pendant 9 ans, et, depuis 2 ans, son beau-père et sa belle-mère. Des deux enfants qu'il a eus, l'un est mort à 17 mois après une lutte douloureuse d'un an de durée. A sa femme assez souvent malade. Il manque peu d'ouvrage. Travaille à la Maison depuis déjà 18 ANS.

Le CINQUIÈME : 55 ans d'âge; 25 ans de mariage. A eu dix ans à sa charge la mère de sa femme. De dix enfants qu'il a eus, sept sont morts : le 1er à un an, le 7e à 5 1/2 et tous à la suite de traitements longs et coûteux. Lui et sa femme sont restés exempts de maladies, mais deux des trois enfants survivants en ont subi plusieurs. Est attaché à la Maison depuis 17 ANNÉES. Manque rarement d'ouvrage.

Le SIXIÈME : 43 ans; 18 ans de mariage. A fait deux maladies graves. N'a pas de parents à sa charge. Père de sept enfants dont deux morts à 5 ans et à 3 ans après plus de trois mois de traitement pour chacun. La femme et les 5 autres enfants jouissent d'une bonne santé. Le mari travaille pour la Maison depuis 16 ANS et n'y manque presque jamais d'ouvrage.

Le SEPTIÈME : 56 ans; 34 ans de mariage. Point de parenté à sa charge. A eu sept enfants dont cinq sont morts : 3, de 18 mois à 2 ans; 2, à 7 et à

9 ans. A fait, ainsi que sa femme, à diverses époques, des maladies d'une durée de plusieurs mois, et, à la suite de l'une d'elles, sa femme s'est trouvée frappée d'une surdité restée incurable. A la Maison depuis 16 ANS. N'y a point chômé.

Le HUITIÈME : 50 ans ; a perdu sa femme après deux ans de mariage. N'a qu'un enfant, resté comme lui, affranchi de maladies. A eu sa vieille mère 12 années à sa charge. Travaille dans la Maison depuis 16 ANS et presque sans aucune interruption.

Le NEUVIÈME : 49 ans ; 27 ans de mariage. Il a eu à soutenir sa grand'mère et sa mère et, actuellement, il soutient sa belle-mère, âgée de 84 ans, et aide un neveu de six ans. Des six enfants qu'il a eus, cinq sont morts à 3 et 4 ans, et celui qui existe sert l'État comme militaire. Est à la Maison depuis 16 ANS et y a rarement manqué de besogne.

Le DIXIÈME : 50 ans ; célibataire. Affranchi de charges de famille. — Malade une fois, durant quelques mois. Mais à une époque précédente et à l'âge de 33 ans, ayant eu ses deux jambes cassées en travaillant, il est resté deux ans dans une inaction forcée. Son entrée à la Maison date de 15 ANS et, depuis lors, l'ouvrage lui a peu manqué.

Le ONZIÈME : 43 ans. Garçon. A sa mère à sa charge depuis 20 ans. — Jouit d'une bonne santé interrompue une seule fois par deux mois de maladie. — Occupé à la maison depuis 15 ANS. Y manquant rarement d'occupation.

Le DOUZIÈME : 40 ans ; 9 ans de mariage. Sa

mère à sa charge durant ses dix dernières années, et, depuis, sa belle-mère. A eu trois enfants. Il ne lui en est resté qu'un. — Sa femme est souvent malade. — A la Maison depuis 15 ANS. Alimenté de besogne sans lacunes fréquentes.

Le TREIZIÈME : 40 ans; 18 ans de mariage. Un frère et une sœur successivement à sa charge pendant deux ans. — Malade trois mois par suite d'accident. Sa femme presque toujours maladive depuis une dizaine d'années. — N'a qu'un enfant. — Travaille à la Maison depuis 15 ANS. — Manque rarement d'ouvrage.

Le QUATORZIÈME : 55 ans: 28 ans de mariage. Point de parents à sa charge. — De ses 14 enfants il lui en reste quatre, ayant perdu les autres à 6 mois, à 2, à 3, à 10 et à 18 ans, après de longues épreuves pour plusieurs d'entre eux! Lui-même est tombé malade à ces diverses époques, autant par suite de ses chagrins que par des accidents d'atelier. Sa femme, à chacune de ses couches, restait souffrante et alitée durant 3 et 4 mois, et, depuis, elle a fait une autre maladie qui l'a rendue impotente pendant toute une moitié d'année. Quant au mari, il est resté attaché à la Maison où depuis 15 ANS, après chacune de ses tristes interruptions, il a retrouvé à s'occuper pour alimenter de nouveau sa famille.

Le QUINZIÈME : 30 ans; 7 ans de mariage. Personne à sa charge jusqu'à ce jour. — A eu six enfants. Il lui en reste trois. L'aîné, défunt, avait 5 ans; les deux derniers, un an. — A été malade plusieurs fois et sa femme aussi. Ses enfants le sont assez souvent. — Est à la Maison depuis 15 ANS où l'occupation lui fait rarement défaut.

Le SEIZIÈME : 38 ans ; 14 ans de mariage. A eu pendant 7 ans son père et sa mère à sa charge et continue ses soins à cette mère maintenant âgée de 78 ANS. — Il a eu 5 enfants. Trois sont morts : le plus âgé à 5 ans 1/2, après 2 années de maladie ; un autre à 2 ans, et le dernier, plus jeune encore. A été peu souvent malade, mais sa femme l'a été quatre mois par suite d'accident. Est à la Maison depuis 15 ANS. Manque rarement d'ouvrage.

Le DIX-SEPTIÈME : 52 ans; 15 ans de mariage. A eu à sa charge, durant trois années, sa mère restée toujours maladive. Lui et sa femme ont été aussi très-souvent malades. Manque peu d'ouvrage. Il est à la Maison depuis 14 ANS.

Le DIX-HUITIÈME : 47 ans ; 20 ans de mariage. Il a eu sa belle-mère à sa charge pendant quelque temps. Il n'a qu'un enfant, mais qui ne gagne rien encore. — Manque peu souvent d'ouvrage. Est à la Maison depuis 14 ANS.

Le DIX-NEUVIÈME : 46 ans; 24 ans de mariage; déjà, avant cette union, il avait à sa charge : sa mère depuis 5 ans, et son père depuis une année; puis ensuite sa belle-mère pendant 1 an. Sa femme est actuellement enceinte de son quinzième enfant, indépendamment de deux fausses couches périlleuses. Des quatorze enfants qui sont nés, six existent et une des filles est mariée; huit sont morts : le plus âgé à 8 ans 1/2 après 4 ans de maladie; un second, à 2 ans; les six plus jeunes après 1, 2 et 3 mois de souffrances.

Il travaille à la Maison depuis 14 ANS et y manque peu de journées.

Le VINGTIÈME : 55 ans; 29 ans de mariage. Il a eu 17 ans à sa charge, sa belle-mère décédée à 85 ans. Il a perdu ses trois enfants; l'aîné à 3 ans, les deux autres, plus jeunes. Sept ou huit maladies, chacune d'environ deux mois de durée, l'ont fait languir chez lui. Sa femme, souvent malade aussi, a ensuite été affectée d'une gastrite pendant un an et demi. Travaille à la Maison depuis 13 ANS. L'ouvrage lui manque rarement.

Le VINGT ET UNIÈME : 53 ans; 24 ans de mariage. Pas d'enfants. Malade, cinq ans; sa femme souvent malade depuis ses frayeurs de juin 1848; diverses charges de famille pèsent sur ce ménage. Manque peu de travail; est à la Maison depuis 13 ANS.

Le VINGT-DEUXIÈME : 38 ans; célibataire. Sa mère à sa charge depuis 20 ans. Rarement malade, excepté une seule fois, par une chute, en travaillant, qui l'a retenu 3 semaines chez lui. Est occupé à la Maison depuis 13 ans. Peu de lacunes dans son œuvre.

Le VINGT-TROISIÈME : 53 ans; 26 ans de ménage. Outre sa mère restée avec lui pendant 23 ans, il a encore une personne impotente à sa charge. — N'a pas eu d'enfants. Travaille à la Maison depuis 13 ANS. Manque rarement d'ouvrage.

Le VINGT-QUATRIÈME : 34 ans ; 11 ans de mariage. Il a son père à secourir. A deux enfants, dont un a 9 ans. Sa femme, depuis son mariage, est restée constamment malade ; elle est décédée il y a peu de temps. Lui, manque peu d'ouvrage. Il est à la Maison depuis 12 ANS.

Le VINGT-CINQUIÈME : 47 ans ; 14 ans de mariage. Quelques charges de famille. N'a qu'un enfant de 10 ans. A la maison depuis 12 ANS. Manque peu d'ouvrage.

Le VINGT-SIXIÈME : 45 ans ; 15 ans de mariage. A eu à sa charge sa belle-mère, six mois malade pendant l'année passée chez lui. A deux enfants. N'a jamais été malade, mais ses enfants l'ont été plusieurs fois. Travaille à la Maison depuis 12 ANS. Manque rarement d'ouvrage.

Le VINGT-SEPTIÈME : 29 ans d'âge ; célibataire. A eu son père à sa charge pendant une année. Manque peu d'ouvrage ; travaille à la Maison depuis 12 ANS.

Le VINGT-HUITIÈME : 47 ans ; 23 ans de mariage ; a eu un an son beau-père à sa charge. De six enfants, quatre existent ; deux sont morts, l'un à un an, l'autre à trois mois. — A fait une maladie de six mois et, durant quatre années s'est trouvé assailli d'une fièvre qui le retenait alternativement au lit de quinzaine en quinzaine. Sa femme et ses enfants sont aussi tombés souvent malades et l'un d'eux l'a été deux ans entiers. — Manque peu d'ouvrage. Est à la Maison depuis 12 ANS.

Le VINGT-NEUVIÈME : 46 ans ; 18 ans de mariage. A eu un mineur à sa charge pendant 17 ans. Sa femme, 2 ans malade, est maintenant aveugle. Leurs deux enfants sont morts, l'un à 2 ans 1/2, l'autre à 7 mois. Le mari a fait une chute du haut *d'un* 6e *étage* qui l'a retenu au lit deux mois et demi. Manque peu d'ouvrage ; il est à la Maison depuis 12 ANS.

Le TRENTIÈME : 42 ans ; 17 ans de mariage. A eu 3 ans, à sa charge, une sœur à sa femme, et, trois mois, une parente. Cinq de ses huit enfants sont morts ; deux, à 9 ans 1/2 et 5 ans 1/2 à la suite de maladies de 2 et 3 mois de durée ; les trois autres en venant au monde. Sa femme et les trois enfants restants, sont assez fréquemment maladifs. Il manque rarement d'occupation. Il est attaché à la Maison depuis 12 ANS.

Le TRENTE ET UNIÈME : 43 ans ; 16 ans de mariage. Il a eu à sa charge pendant douze années sa grand'mère, morte à 84 ans ; et sa mère, pendant deux ans. A eu deux enfants dont un est mort à 4 ans et 1/2. Sa femme et lui n'ont été que fort rarement malades. Est à la Maison depuis 12 ANS. L'ouvrage lui manque peu.

Le TRENTE-DEUXIÈME : 52 ans ; 17 ans de mariage. Pas de charge ; pas d'enfant ; quelques mois de maladie à diverses reprises. A la Maison depuis 11 ANS. Manque rarement d'ouvrage.

Le TRENTE-TROISIÈME : 41 ans ; 12 ans de mariage. A eu son père plusieurs années à sa charge.

N'a pas d'enfants. A été, ainsi que sa femme, assez souvent malade. Il manque peu d'ouvrage et travaille à la Maison depuis 11 ANS.

Le TRENTE-QUATRIÈME. *Mort* en 1848, à l'âge de 41 ans! Comptait 21 ans de mariage. Avait eu, 23 ans, sa mère à sa charge. Avait perdu, encore de son vivant, l'un de ses deux enfants à l'âge de 16 ans, après être resté malade presque depuis sa naissance (l'autre, qui existe, est à son tour alité depuis 15 mois). Cet ouvrier, bien que doué d'une forte constitution, était, presque tous les ans, indisposé durant quelques semaines. Manquait peu d'ouvrage, et travaillait à la Maison depuis 11 ANS.

Le TRENTE-CINQUIÈME : décédé cette année, à l'âge de 51 ans, après 18 années de mariage. A délaissé, par sa mort, une mère qui depuis plus de vingt ans était presque entièrement à sa charge; une belle-mère dépourvue de ressources suffisantes; une nièce qui, encore dans un apprentissage où elle ne gagne que sa nourriture, recevait chez lui une assistance quotidienne; un fils unique, jeune apprenti de 16 ans qui ne gagne rien du tout, et, enfin, sa malheureuse femme, malade depuis 15 mois, et à bout de ressources pour tant de besoins qui réclament autour d'elle! Il manquait peu d'ouvrage et il était à la Maison depuis 11 ANS.

Le TRENTE-SIXIÈME : 50 ans d'âge; non marié. — A eu une sœur à soutenir. — Il s'est cassé la cuisse en tombant dans la rue, et, à peine rétabli, avait repris son travail. Mais, par un nouvel accident, s'étant encore cassé l'autre cuisse, il est resté incapable de marcher sans béquilles et, depuis 6 ans, il se trouve tristement à la charge des contribuables! Cet excellent chef-ouvrier avait rarement manqué d'ouvrage durant les 10 ANS passés à la Maison.

Le TRENTE-SEPTIÈME : 43 ans; 24 ans de mariage. Il a eu dix enfants. Quatre sont morts : un à 7 ans après une maladie d'une année; un à 5; deux ayant, chacun, à peine deux mois. Des six qui lui sont restés : une fille, devenue veuve après 3 mois de mariage, est, par ce fait, retombée à sa charge; un fils, privé d'une jambe et d'un œil, et tombant d'épilepsie; quatre autres fils, encore adolescents. — Manque d'ouvrage chaque année. Travaille à la Maison depuis 10 ANS.

Le TRENTE-HUITIÈME : 47 ans; 20 ans de mariage. Alors qu'il était garçon, il aidait déjà ses parents, et depuis, plusieurs restent encore l'objet de ses soins. A été malade 18 mois; sa femme pendant 10. N'a pu rien faire durant ce temps. De 5 enfants n'en a plus qu'un. Travaille à la Maison depuis 10 ANS. Manque peu d'ouvrage.

Le TRENTE-NEUVIÈME. Mort en 1847, âgé de 49 ans. Marié depuis 21 ans. A eu cinq enfants. Deux sont morts, l'un, à 2 ans, et l'autre en naissant. Des trois, en vie, sont : un fils qui vient de servir 4 ans sous les drapeaux ; deux filles âgées l'une de 15 ans et l'autre de 5 ans et demi. — Sa veuve est souvent malade. Ce malheureux ouvrier, affaibli et comme paralysé des deux poignets plusieurs années déjà avant sa mort, a pu être utilisé à la Maison, où il a travaillé durant 10 ANS.

Le QUARANTIÈME : 47 ans; 22 ans de mariage. Quelques petites charges de parenté. Quatre enfants, dont deux sous les drapeaux et deux morts à 5 et à 3 ans. L'un de ces derniers avait eu la jambe cassée. Sa femme est souvent malade. Il n'a pas toujours de l'ouvrage. Travaille à la Maison depuis 10 ANS.

Le QUARANTE ET UNIÈME : 38 ans; 11 ans de mariage. Avant son union, avait déjà ses père et mère à sa charge : ils sont morts depuis six ans. Sa belle-mère les remplace. A fait une maladie de six semaines, et sa femme tombée malade en juin 1848 des suites d'une frayeur, n'a point encore recouvré la santé et le calme. — Travaille à la Maison depuis 9 ANS. Manque quelquefois d'ouvrage.

Le QUARANTE-DEUXIÈME : 50 ans; 15 ans de mariage. Sur treize enfants qu'il a eus, deux filles seulement existent, et restent à sa charge; l'une d'elles est estropiée. Est à la Maison depuis 9 ans. Manque d'ouvrage chaque année.

Le QUARANTE-TROISIÈME : 33 ans. Célibataire. Dès l'âge de 14 ans, il a eu sa mère à sa charge. Manque quelquefois d'ouvrage. Travaille à la Maison depuis 8 ANS.

Le QUARANTE-QUATRIÈME : tué en juin 1848, à l'âge de 47 ans, en défendant l'ordre public. Était marié depuis 12 ans. Avait eu sa mère à sa charge durant six mois. Il a eu quatre enfants : le plus jeune d'entre eux a aujourd'hui 14 ans. Avait été souvent malade, notamment à la suite d'une chute faite en travaillant et qui l'a retenu trois mois alité. — Manquait d'ouvrage chaque année. Il y avait 8 ANS déjà qu'il était à la Maison lorsqu'il a été frappé, mortellement, dans les rangs de la garde nationale.

Le QUARANTE-CINQUIÈME : 32 ans; 8 ans de mariage. A eu sa belle-mère à sa charge pendant 2 ans. Il a eu 4 enfants. Trois sont morts : l'un d'eux, à 3 ans 1/2, après 16 mois de maladie. Sa femme a été souvent malade. — Il manque d'ouvrage chaque année. Est à la Maison depuis 7 ANS.

Le QUARANTE-SIXIÈME : 44 ans; 18 ans de mariage. A sa mère octogénaire à sa charge depuis 26 ans et des neveux pendant plusieurs années. De cinq enfants qu'il a eus trois sont morts; l'un avait 4 ans, les deux autres étaient plus jeunes. N'a jamais été malade qu'à l'époque où il s'est cassé la jambe en travaillant. Est attaché à la Maison depuis 7 ANS. A fort peu de trêve dans sa besogne.

Le QUARANTE-SEPTIÈME : décédé cette année, à l'âge de 70 ans, après un an de maladie, mais doué, jusqu'alors, d'une force herculéenne. A eu 14 enfants et les avait tous élevés. Sa femme a été malade 10 ans et marchant avec des béquilles. Elle reste, à 65 ans, à la charge des contribuables! Les dernières années exceptées, il avait rarement manqué d'ouvrage. Était à la Maison depuis environ 6 AN-

NÉES. (Plusieurs renseignements de famille, demandés à son égard, n'ont pu être obtenus assez à temps pour compléter la présente note.)

Le QUARANTE-HUITIÈME : 31 ans d'âge; 1 an de mariage. Aide un peu à ses parents et a, d'ailleurs, quelques petites charges diverses à supporter. N'a pas toujours de l'ouvrage. A la Maison depuis 6 ANS.

Le QUARANTE-NEUVIÈME : 30 ans; 11 ans de mariage. Pas de parents à secourir. A eu cinq enfants. Il ne lui en reste que 3, deux étant morts à l'âge de 2 et de six mois. A été très-souvent malade. Sa femme jamais. Deux de ses enfants ont souvent des maux d'yeux. Travaille à la Maison depuis 6 ANS. Manque d'ouvrage chaque année.

Le CINQUANTIÈME : âgé de 35 ans ; 6 ans de mariage. Sa mère et des parents à secourir. Tué en travaillant, en 1843. Il a laissé une femme enceinte et 2 enfants en bas âge ; l'aîné avait 4 ans, le cadet, 2 ans. Manquait peu d'ouvrage. Il y avait 5 ANS qu'il était à la Maison.

Le CINQUANTE ET UNIÈME : 37 ans; 15 ans de mariage. Pas de charge de famille; pas d'enfant. A peu manqué d'ouvrage. Travaille à la Maison depuis 4 ANS.

Le CINQUANTE-DEUXIÈME : 28 ans; 3 ans de mariage. Pas de charge encore. N'a qu'un enfant. Préservés de maladie lui et sa femme. Travaille à la Maison depuis 4 ANS. Manque d'ouvrage chaque année.

Le CINQUANTE-TROISIÈME : 37 ans ; 7 ans de

mariage. Un seul enfant. Personne à sa charge. Plusieurs maladies dont la plus longue a été de six semaines. Manque d'ouvrage tous les ans ainsi que sa femme. Travaille dans la Maison depuis 4 ANNÉES.

Le CINQUANTE-QUATRIÈME : 43 ans; 11 ans de mariage. A eu cinq enfants. L'un d'eux est mort en venant au monde. Est assez souvent malade. N'a pas toujours de l'ouvrage. Il est à la Maison depuis 3 ANS.

Le CINQUANTE-CINQUIÈME : 37 ans; 10 ans de mariage. A eu à sa charge un parent pendant 2 ans. Deux enfants; l'un d'eux est mort à 3 ans 1/2. N'a été malade qu'une fois durant quatre mois. Est à la Maison depuis 3 ANS. N'a pas toujours de l'ouvrage.

Ainsi, il ressort de cet Exposé que l'ouvrier et l'ouvrière non mariés, s'ils ne sont pas bâtards, cessent à peine d'être soutenus par les leurs qu'ils ont des charges à supporter à leur tour, soit pour soutenir leurs vieux parents, soit pour aider des frères et des sœurs qui sont dans la peine. Quelquefois même à venir en aide, à l'improviste, à des amis malheureux qui se montrent juste à l'heure du repas, avec l'espoir d'y prendre part.

En se mariant, l'ouvrier et l'ouvrière n'apportent généralement pour toute dot, en mariage, que les charges mutuelles qu'ils possèdent, et qui augmentent bien vite par les fruits si précoces du mariage.

Or, la position de l'ouvrier, né de parents pauvres, ne cesse d'être précaire, malgré son courage et son énergie au travail; la misère se montre constamment à sa porte prête à pénétrer dans la demeure.

Si parmi le grand nombre l'on rencontre quelques

couples dont les charges soient moins lourdes et les moyens d'amasser quelque chose plus faciles, l'on peut se permettre d'appeler cela l'exception ; et encore, que peuvent-ils économiser de 20 à 50 ans? Supposons huit mille francs ! c'est énorme : c'est fabuleux un chiffre pareil ! Il n'y en a pas quatre sur mille. Mais supposons, au contraire, qu'il y en ait quatre sur cent qui puissent y prétendre. Il faut tout d'abord, comme nous l'avons dit, commencer à 20 ans à s'imposer les plus grandes privations ; n'avoir été ni soldat ni malade ; n'avoir pas d'enfant ; n'avoir jamais manqué d'ouvrage ; n'avoir eu personne à soutenir, et enfin avoir placé sûrement ses épargnes successives pour se mettre à l'abri de tout vol. Admettons toutefois que quatre ménages sur cent atteindront à ce capital supposé. Mais, huit mille francs pour deux personnes, ce n'est que 200 francs de rente annuelle pour chacune, et cela ne peut suffire pour vivre.

Il serait injuste de dire que tous les ouvriers ne sont plus bons à rien à l'âge de 50 ans. Mais il ne dépend pas de soi d'être occupé ; l'industrie a ses exigences avec lesquelles il faut compter.

Bien certainement, lorsqu'on a été attaché pendant longtemps à une même Maison, on pourrait, malgré la cinquantaine, y rendre encore d'excellents services et surtout sous le chef avec lequel on a vieilli. Malheureusement, ce chef, aussi s'épuise ; le besoin du repos se fait sentir pour lui. Or, comme il a acquis de l'aisance, il prend sa retraite et vend son fonds à un jeune homme qui ne montre nulle sympathie pour les vieux serviteurs de celui auquel il succède.

En outre, le besoin de redonner ce qu'on appelle *de la vie* à un établissement *ancien ;* l'amour de faire du nouveau, la crainte d'être entravé dans ce qu'on veut modifier, par des hommes qui ont contracté des habitudes en vieillissant avec le prédécesseur, et qui ont une manière de voir toute différente de la sienne, fait qu'on *profite* de ce changement de patron, pour se débarrasser de tous ceux dont le physique décèle un amoindrissement de forces.

Une réforme de cette nature porte un coup terrible à l'ouvrier qui la subit. Jusque-là il n'avait pas songé à ses années : son ardeur au travail les lui faisait oublier. Mais à dater de ce jour fatal, il acquiert la triste conviction que partout où il ira redemander de l'ouvrage, on jugera de prime abord à sa figure et à son maintien, qu'il est trop vieux pour s'en bien acquitter (1).

Aussi à partir de ce déplorable renvoi, il végète, il retombe dans la partie flottante, il n'a de la besogne que lorsqu'elle abonde partout. Il y a plus, quand cette besogne commence à baisser, il a la douleur de se voir mettre au repos pour conserver de préférence des ouvriers plus jeunes qui avaient été embauchés après lui.

Or, comme il ne travaille que par rares intervalles, loin d'ajouter aux économies qu'il a faites, il est forcé de les entamer, et s'il a le malheur lui et sa femme

---

(1) Si, malheureusement aujourd'hui, nous quittions les affaires, nous aurions une dizaine d'ouvriers dans ce cas-là ; dans quelques années autant, et ainsi de suite.

de vivre jusqu'à 65 ans, non-seulement il ne leur reste rien du capital, mais encore tout le petit mobilier qui jadis avait fait leur bonheur, est vendu à perte et les meilleures nippes, les plus précieux souvenirs sont engouffrés au Mont-de-Piété.

En conséquence, à partir de ce moment, si leurs familles ne sont point en mesure de leur venir en aide, ils retombent de tout leur poids à la charge des contribuables.

Quant à la position des ouvriers de la classe flottante, nous l'avons dit en commençant cet exposé : on pourra juger de ce qu'elle doit être si on se reporte à ce fait que, lorsqu'à 50 ans, celui qui est resté attaché longtemps à une maison industrielle, n'y trouve plus d'ouvrage, à plus forte raison l'ouvrier ambulant, qui a été ballotté toute sa vie, d'établissement en établissement. Car celui-ci qui a été obligé de se plier à toutes les exigences, à tous les caprices de tant de chefs d'atelier, cesse d'être lui; il exerce sa profession avec dégoût, sans courage, sans intelligence. Il agit comme une vraie machine ; il est abruti; il est mort moralement ! et que deviennent alors ces êtres qui n'ont plus le sentiment de leur dignité, qui sont repoussés de toutes parts; ce qu'ils deviennent ? c'est facile à comprendre : comme ils ne sont plus capables de rien faire, les contribuables sont obligés de pourvoir à leur subsistance et même de payer jusqu'aux frais d'enterrement à mesure que ces malheureux succombent.

Témoin journellement de tant de misères, dès 1838,

nous avons cherché, autant qu'il a été en nous, à les adoucir. A cet effet, nous avons institué une Société de secours mutuels pour les ouvriers de notre Maison.

Lors de la constitution de cette Société on avait reconnu que 3 ans étaient nécessaires pour réunir 60 ouvriers, travaillant pour nous, qui rempliraient les conditions stipulées par les statuts. 30 les remplissaient au moment de la fondation.

Dans les deux années qui suivirent cette fondation, il s'en trouva assez qui pouvaient être admis pour compléter le nombre voulu. Malheureusement, le droit d'admission, qui avait été fixé à 40 fr. pour la 2e année, et à 60 fr. pour la 3e, était trop élevé. 5 ouvriers seulement purent le payer. L'abaissement du prix d'admission au moyen de modifications à la charte sociale eût procuré depuis lors un plus facile accès, mais les formalités administratives qu'on avait été obligé de remplir pour se constituer primitivement avaient déjà été si longues et les difficultés si grandes, qu'on renonça à toutes démarches ultérieures. En conséquence, la Société ne s'est trouvée composée que de 35 membres; malgré ce faible nombre, elle s'est maintenue, et aujourd'hui, après défalcation des frais de secours, de maladies et de cinq enterrements, elle possède néanmoins près de 15,000 fr., en capital placé tant en rentes sur l'État qu'à la caisse d'épargne.

REGLEMENT

DE

LA SOCIÉTÉ DE PRÉVOYANCE ET DE SECOURS MUTUELS

POUR LES OUVRIERS PEINTRES

de la Maison Leclaire, à Paris,

AUTORISÉE SOUS LE N° 19, LE 28 SEPTEMBRE 1838.

TITRE PREMIER.

DE LA DURÉE DE LA SOCIÉTÉ, DE SA COMPOSITION ET DES CONDITIONS D'ADMISSION DE SES MEMBRES.

ART. 1. La Société est formée pour quinze ans, à dater du 1er octobre 1838.

Ce terme ne pourra être reculé que par une délibération prise en assemblée générale, à la majorité des deux tiers des voix.

Le nombre des Sociétaires est fixé à soixante. Les admissions auront lieu comme suit :

Trente membres la première année, à titre de fondateurs ;

Dix membres la deuxième année ;

Et enfin vingt membres, la troisième année, pour complément.

Arrivée à ce nombre, la Société ne pourra que décroître par les décès ; et, lorsque la Société sera arrivée à son terme, le fonds commun sera partagé entre les survivants par portion égale.

2. La Société n'admet, comme membres, que des ouvriers peintres en bâtiments d'une moralité reconnue, qui sont âgés de vingt-deux ans au moins, et quarante-cinq ans au plus.

Tout candidat doit justifier :

1° Par son livret, qu'il a travaillé, pendant au moins quatre mois, dans les ateliers de la Maison Leclaire ;

2° Par son acte de naissance, ou, à défaut, par des attestations dignes de foi, qu'il n'a ni plus ni moins que l'âge requis ;

3° Par sa déclaration expresse et par le certificat du médecin agréé par la Société, qu'il n'est atteint d'aucune maladie chronique ni plaies incurables, qu'il n'est ni infirme ni valétudinaire ;

4° Par son bulletin de libération, qu'il a satisfait aux lois sur le service militaire ;

5° Par la quittance du Trésorier, qu'il a payé le quart de son droit d'admission ;

6° Qu'il ne fait partie d'aucune autre Société analogue ;

7° Etre présenté par deux membres de la Société, qui attesteront et signeront ensuite, avec le candidat, sur le registre-matricule, qu'ils ne connaissent contre lui aucun motif d'exclusion.

Celui qui aurait subi des condamnations judiciaires, soit de cour d'assises, soit de police correctionnelle, qui seraient de nature à flétrir l'honneur ou la probité, ne ferait plus partie de l'association.

3. Le candidat remettra en personne sa demande d'inscription provisoire au délégué de la Société ; il y joindra les certificats et attestations énoncés à l'article **2** ; il complétera ces pièces, dans le délai de six mois, par la quittance du payement total de son droit d'admission et des six mois de cotisations mensuelles.

Il recevra à l'instant un exemplaire du règlement ; et, lors de son admission définitive, il signera sur le registre-matricule l'engagement de se conformer à toutes ses dispositions.

Son admission définitive aura lieu conformément aux articles **19**, **20**, **21** et **22** ci-après.

4. Quelle que soit la date d'une inscription, elle ne comptera, ainsi que les payements, qu'à partir du 1er du mois suivant.

5. Le droit d'admission est fixé :

A 20 francs pour les fondateurs admis dans la première année ;

A 40 francs pour les membres admis dans la deuxième année ;

A 60 francs pour ceux qui seront admis dans la troisième année ;

6. La cotisation annuelle est fixée à 24 francs ; elle peut être acquittée en un seul payement, ou par avance, à raison de 2 francs par mois.

TITRE II.

DES SECOURS OFFERTS PAR LA SOCIÉTÉ A TOUS SES MEMBRES ET DES FORMALITÉS A OBSERVER POUR LES OBTENIR.

7. N'ont droit aux secours, en cas de maladies, que les Sociétaires inscrits depuis six mois révolus, qui sont admis définitivement et ont acquitté leur droit d'admission et six mois de cotisation.

8. Lorsqu'un Sociétaire est malade ou blessé, il pourra, en cas d'urgence, se faire assister par un médecin ou chirurgien autre que celui agréé par la Société ; dans ce cas, la Société remboursera 2 francs au malade pour cette visite unique.

Hors le cas d'urgence absolue, le malade donnera, dans les vingt-quatre heures, avis à M. le délégué par un exprès ; cet exprès recevra immédiatement du délégué une feuille de visite indiquant le jour de la déclaration de la maladie, le nom et l'adresse du médecin traitant, le nom et l'adresse du visiteur en fonction, et une lettre d'avis pour chacun de ces deux fonctionnaires, que l'exprès devra remettre immédiatement à leur adresse.

9. Les secours que la Société accorde à tout Sociétaire malade qui les réclame consistent :

Dans les visites du médecin agréé par la Société ;

Dans des secours pécuniaires gradués comme suit :

Deux francs par jour pendant les trois premiers mois de maladie;

Un franc par jour du quatrième au sixième mois révolu;

Cinquante centimes par jour du commencement du septième mois jusqu'à parfait rétablissement, à moins que la durée de la Société soit arrivée à son terme avant cette époque, auquel cas les malades partageront avec les Sociétaires survivants, conformément à l'art. 1er du présent règlement.

10. Lorsqu'une maladie se prolongera au delà de six mois, le conseil de famille pourra, sur la demande écrite et signée de dix membres sociétaires qui ne font pas partie du conseil, accorder un secours additionnel qui ne pourra excéder 50 centimes par jour. Les secours de cette nature seront alloués sur le produit des intérêts des fonds placés.

Si, par des allocations postérieures et de même nature, les fonds destinés à ce service se trouvaient insuffisants, les titulaires des allocations antérieures seront appelés au partage au marc le franc avec les titulaires nouveaux.

11. La Société n'accorde que les visites du médecin, mais point de secours en argent pour les maladies qui auront moins de cinq jours de durée; mais si la maladie dure au delà du cinquième jour, les secours en argent seront payés à partir du quatrième jour, et si la maladie dure au delà du onzième jour, le secours en argent sera payé à compter du jour de la déclaration de la maladie, faite au délégué et inscrite par lui sur la feuille de visite.

12. La Société n'accorde également que les soins du médecin, mais point de secours en argent pour le cas de simple indisposition. La feuille sera retirée au Sociétaire dont l'état aura été qualifié ainsi par le médecin.

13. Tout Sociétaire qui se déclare malade est tenu de garder la chambre pendant le temps que dure sa maladie, sauf le cas où, pour hâter sa guérison, il obtiendrait du médecin la permission de sortir.

Cette permission sera datée et donnée par écrit sur la feuille de visite; le malade la fera contre-signer par le visiteur en fonction.

Tout Sociétaire malade qui serait rencontré hors de chez lui sans y être autorisé, comme il vient d'être dit, ou qui aurait pris des médicaments à l'insu du médecin de la Société, ou des aliments contraires à ses ordonnances, ou qui serait trouvé à une occupation lucrative qui pourrait empêcher ou retarder son rétablissement, cessera, s'il en est porté plainte, de recevoir les secours de la Société.

14. Lorsque deux maladies se déclarent à la distance d'un mois l'une de l'autre, la seconde sera considérée comme une rechute; et les journées payées pour la première seront comptées avec celles de la seconde pour régler les secours pécuniaires dus aux diverses périodes indiquées à l'art. **9.**

15. La Société, cherchant à atteindre un but moral en même temps que de bienfaisance, elle n'accorde aucun secours dans les maladies nées de la débauche ou par suite de l'ivresse, ni même pour les blessures reçues par le réclamant dans une rixe où il aurait été l'agresseur.

16. En cas de décès d'un Sociétaire, douze Sociétaires pris à tour de rôle, résidant à Paris, seront convoqués pour assister au convoi; ils devront répondre à l'appel qui sera fait au lieu et à l'heure indiqués dans les lettres de convocation et au contre-appel qui sera fait au sortir du champ du repos. Ceux qui n'accompliront pas ce devoir sacré de confraternité, qui se présenteraient dans un état indécent ou même d'ivresse, seront passibles d'une rétribution forcée de 4 francs.

Le délégué et le visiteur en fonction s'entendront avec la famille du défunt pour commander, aux frais de la Société, le corbillard de l'avant-dernière classe et les lettres de convocation. Si la famille du défunt veut prendre un corbillard de classe supérieure, les frais du surplus seront à sa charge.

Indépendamment des frais de corbillard, et ce au bout de quatre années d'existence, la Société accordera à la famille du défunt une somme une fois payée, qui sera appelée secours de décès; ce secours sera gradué comme suit :

50 *francs* à la famille d'un Sociétaire de quatre ans, comptés à partir de son inscription définitive;

60 *francs* à la famille d'un Sociétaire de cinq ans, et ainsi

de suite, en augmentant de 10 fr. par année jusqu'au maximum de 140 francs.

Ce secours sera payé à la famille dans la hiérarchie suivante :

1° A la veuve, ou à défaut de veuve, aux enfants au-dessous de l'âge de quinze ans, inclusivement;

2° Aux enfants de l'âge de quinze ans jusqu'à dix-huit ans, en partage avec le père et la mère du défunt ou de l'un d'eux;

3° Au père et à la mère du défunt seul, à défaut de veuve ou d'enfant au-dessus de dix-huit ans, à moins que, de son vivant, le défunt n'ait indiqué, par écrit, un autre mode de partage parmi les ayants droit ci-dessus indiqués.

La réclamation de ce secours doit être adressée au délégué dans le mois qui suivra le décès, sous peine de déchéance.

Si, par une circonstance indépendante de la volonté des réclamants, ils ne pouvaient pas joindre immédiatement les pièces à l'appui pour établir leurs qualités, le délégué pourra accorder un délai de deux mois au plus.

Le délégué examinera les pièces; il indiquera aux réclamants celles qu'ils auraient encore à produire; il transmettra le tout au plus prochain conseil de famille, qui ordonnancera le secours ou rejettera la demande.

Toute réclamation, quoique faite dans le délai d'un mois, qui, au bout de trois mois, à partir du jour du décès, ne serait pas appuyée des pièces établissant la qualité des réclamants, sera considérée comme non avenue et comme une tacite renonciation.

17. Sur la demande écrite de dix Sociétaires, motivée sur la détresse de la famille du Sociétaire défunt, le conseil de famille pourra, dans la plus prochaine séance, imposer une contribution extraordinaire de 1 à 3 francs à tous les membres de la Société. Le produit de cette contribution sera remis comptant, ou employé en nature par le conseil en faveur de la famille du défunt, soit à titre de secours de décès, auquel le court séjour du défunt, dans la Société, n'aurait pas encore accordé le droit à sa famille, soit pour augmenter le secours auquel elle a droit, soit enfin pour dédommagement du secours qu'elle n'aurait pu obtenir faute de pièces justificatives.

TITRE III.

DE L'ADMINISTRATION DE LA SOCIÉTÉ, DU CONSEIL DE FAMILLE, DE SES ATTRIBUTIONS ET DE CELLES DE CHACUN DES MEMBRES QUI LE COMPOSENT.

18. La Société est administrée par un conseil de famille composé de neuf membres, savoir :

Un délégué,
Un délégué adjoint,
Un secrétaire-archiviste,
Un secrétaire adjoint,
Un trésorier,
Un trésorier adjoint,
Et six assesseurs.

Le conseil de famille est nommé pour un an, et renouvelable par tiers.

Excepté les assesseurs, les membres du conseil de famille peuvent être pris parmi les Sociétaires ou hors de la Société,

Ils sont rééligibles indéfiniment.

Les élections auront lieu tous les ans, en assemblée générale et au scrutin secret, et à la majorité absolue.

Les Sociétaires seuls sont admis à voter.

Les six assesseurs seront pris parmi les Sociétaires, selon leur ordre d'inscription et à tour de rôle; ils ne pourront être désignés pendant deux années de suite.

Les trois adjoints remplacent, dans leurs fonctions respectives, les titulaires en cas d'absence; ils peuvent assister à toutes les séances du conseil avec voix délibératives; mais leur présence n'est obligatoire que dans le cas où ils ont été dûment appelés à remplacer leurs titulaires.

19. Le conseil de famille se réunit chez le trésorier; ses séances ordinaires ont lieu tous les trois mois : le premier vendredi de janvier, avril, juillet et octobre, à huit heures du soir, et extraordinairement si les affaires l'exigeaient; ses attributions sont :

1° L'admission définitive ou le rejet des candidats après l'examen des titres par eux exhibés;

2° La vérification et l'arrêté des comptes du trésorier;

3° L'autorisation à donner au trésorier pour le retrait des fonds placés à l'effet de se rembourser de ses avances faites et constatées pendant le trimestre précédent, s'il le réclame;

4° Enfin le contrôle du service, la connaissance de tous les cas litigés entre les Sociétaires relatifs aux affaires sociales, l'interprétation et l'application du règlement en général.

20. Le conseil de famille pourra, nonobstant la régularité apparente des pièces produites, surseoir, pendant trois mois, à l'admission définitive, et ordonner un plus ample informé sur le tout, si au bout de six mois d'inscription un candidat présentait quelques doutes.

Il pourra également accorder un délai de trois mois à celui qui, au bout de six mois de stage, n'aurait pu fournir les pièces ou solder son droit d'admission et payer ses six mois de cotisation.

Dans l'un ou l'autre cas, le conseil de famille statuera définitivement à l'expiration du nouveau délai, et, en cas d'admission, l'inscription provisoire datera de trois mois postérieurs, et, en cas de rejet, le candidat sera remboursé de ce qu'il aura payé, et sa demande d'inscription sera considérée comme non avenue.

Si, en suite d'une plainte portée au conseil de famille, il était prouvé qu'à l'époque de son admission un Sociétaire aurait fait sciemment une fausse déclaration qui pourrait porter préjudice à la Société, le conseil prononcera sa radiation sans remboursement; mais le Sociétaire aurait son recours devant l'assemblée générale.

21. Des délibérations du conseil, ainsi que des assemblées générales, sont prises à la majorité absolue des voix.

22. Le délégué reçoit les demandes d'inscriptions provisoires et les pièces à l'appui, qu'il transmet ensuite au conseil de famille; il provoquera l'admission définitive au bout de six mois, si le candidat a acquitté son droit d'admission et que les autres pièces soient en règle; il fournit aux candidats tous les renseignements dont ils pourront avoir besoin, et les munit d'un exemplaire du présent règlement; il reçoit les déclarations de maladies, délivre les feuilles de visites, inspecte et dirige le service; il convoque ou il donne aux secrétaires l'ordre de convoquer les séances du conseil de famille et les assemblées générales; il dresse les ordres du jour; il veille à ce que, dans ces assemblées, on ne traite d'aucune question religieuse ou politique, ni d'aucun objet étranger aux intérêts de la Société; il dirige les délibérations, maintient l'ordre et la décence, et y rappelle quiconque pourrait s'en écarter; il arrête les feuilles de présence, cote et parafe les registres, signe les procès-verbaux et les expéditions; enfin c'est lui qui est spécialement chargé de l'exécution du règlement et de dénoncer au conseil de famille toutes les infractions.

23. Le délégué est aussi le représentant de la Société vis-à-vis de l'autorité publique, de laquelle il est chargé d'obtenir, en tant que de besoin, les autorisations pour les assemblées générales et des séances ordinaires et extraordinaires du conseil de famille.

24. Le délégué adjoint aide le délégué dans toutes ses fonctions, et, en cas d'absence ou d'empêchement constaté, il le remplace.

25. Le secrétaire est chargé de toutes les écritures du bureau; il convoque, d'après les ordres du délégué, les séances du conseil de famille et les assemblées générales au moins quatre jours avant leur tenue; il rédige les procès-verbaux et les transcrit sur un registre à ce destiné; il fait l'expédition des arrêtés du conseil et les adresse aux personnes qu'ils concerneront, après les avoir fait contre-signer par le délégué.

Il reçoit en dépôt toutes les pièces provenant des comptes apurés des comptables et tous les documents dont le conseil de famille aurait ordonné la conservation ; il mentionnera ces pièces au procès-verbal avec un numéro d'ordre qu'il répétera également dans le reçu qu'il en donnera au déposant.

Il transmettra ces pièces et documents à son successeur contre décharge.

26. Le secrétaire adjoint aide le secrétaire dans toutes ses fonctions et le remplace en cas d'absence ou d'empêchement constaté.

27. Le trésorier perçoit généralement tous les fonds destinés à la caisse sociale et en donne quittance motivée.

Il paye également toutes les dépenses prévues par le règlement ou ordonnancées par le conseil de famille ; il en tire un reçu de la partie prenante.

Il inscrit la recette et la dépense dans un registre-journal à colonne conforme au modèle que le conseil de famille arrêtera ultérieurement.

Il transcrira également les cotisations payées par les Sociétaires dans leur compte ouvert au registre-matricule, dont la forme sera également arrêtée ultérieurement.

Il reçoit les cotisations de toute nature ; sa caisse reste ouverte le premier vendredi de chaque mois, de six à huit heures du soir.

Il verse à la caisse d'épargne, au nom de la Société, dans la huitaine, le montant intégral des recettes, et justifie des dépôts faits à la séance suivante du conseil de famille.

Il fait de ses propres deniers, et sans intérêts, les avances de toutes sommes nécessaires pour le service de la Société pendant un trimestre au moins ; mais si au bout de trois, de six ou de neuf mois, il demande au conseil l'autorisation de retirer sur les fonds placés la somme nécessaire au remboursement de ses avances, le conseil ne pourra pas la lui refuser.

28. Les assesseurs, en outre de leurs fonctions de membres du conseil de famille, sont spécialement chargés, à titre de visiteurs, chacun pendant deux mois, de surveiller et visiter les Sociétaires malades ; ils partageront entre eux le service soit à l'amiable, soit au sort ; ils se remplacent en cas d'empêchement, en ayant soin de faire toujours connaître au délégué celui qui est en fonction.

Au premier avis qu'un visiteur recevra de la maladie d'un Sociétaire, il devra se transporter auprès du malade dans les vingt-quatre heures au plus tard, et faire en sorte que les secours soient promptement administrés.

Il doit renouveler sa visite au moins une fois tous les deux jours, et constater chaque fois sa visite sur la feuille déposée chez le malade.

Il présentera au trésorier le bulletin du médecin, pour recevoir le secours pécuniaire qui est dû au malade, et le lui apportera au plus tard dans les vingt-quatre heures ; il inscrira ces payements à leur date sur la feuille de visite.

Il pourra renouveler sa visite autant de fois qu'il le jugera convenable pour la consolation du malade, ou nécessaire pour prévenir des abus.

Il doit surtout redoubler de surveiller lorsque, d'après la déclaration du médecin, la maladie approche de son terme.

Il doit être admis immédiatement et sans difficultés auprès du malade ; s'il éprouvait des obstacles, ou s'il apercevait quelques abus, il en préviendra le délégué sur-le-champ.

Il préviendra son successeur et lui communiquera ses diverses observations faites sur les malades qui restent en traitement.

DISPOSITIONS GÉNÉRALES.

29. Les étrennes, pourboires ou profits de toute nature qu'un Sociétaire, travaillant pour le compte de la Maison Leclaire, pourra recevoir à l'avenir, sont dévolus à la caisse sociale ; celui qui en recevra doit les verser, dans la huitaine, entre les mains du trésorier, sous les peines portées à l'art. **34** ci-après.

Pour celui qui travaillera à la campagne, le délai ne courra qu'après son retour.

30. Lorsqu'un Sociétaire aura des plaintes ou des réclamations à faire, ou des mesures à proposer, dans l'intérêt général de la Société, il les adressera, franches de port et signées, au domicile du délégué, pour être soumises à la délibération du conseil de famille, lequel fera connaître, avec ses motifs, la décision prise sur l'objet de la réclamation ou de la proposition à la partie intéressée.

31. Tout Sociétaire qui n'aurait pas acquitté sa cotisation du mois courant au jour et à l'heure fixés par le trésorier (le premier vendredi de chaque mois, de six à huit heures du soir) sera passible d'une rétribution forcée de 50 centimes pour chaque mois de retard ; mais, si ce retard se prolonge au delà du sixième mois, le trésorier lui écrira une lettre d'avis, et le conseil prononcera, contre le retardataire, la radiation sans remboursement, s'il laisse passer le septième mois sans avoir acquitté ce qu'il doit en cotisations arriérées et en rétributions forcées.

32. Lorsqu'un Sociétaire en retard de payer sa cotisation tombe malade, le trésorier lui retiendra ce qu'il doit sur le premier payement de secours, mais jusqu'à la concurrence de 6 francs seulement; si le malade devait davantage, on lui retiendra le surplus sur le deuxième payement, quelle qu'en soit l'importance.

33. Lorsqu'un Sociétaire travaillant à la campagne sera subitement atteint de maladie ou d'une blessure, et que, par l'éloignement, il ne pourra être soigné par le médecin de la Société, ni être transporté à son domicile à Paris, à cause de la gravité du mal, le conseil de famille pourra, sur la demande du malade, lui accorder une indemnité pour frais de visites de médecin, proportionnée aux circonstances et à la durée de la maladie.

Le secours pécuniaire sera payé, dans ces cas, sur la production du certificat du médecin traitant, légalisé par le maire de l'endroit.

34. Tout Sociétaire qui, lors de son admission, aurait sciemment trompé la Société par une fausse déclaration, ou qui n'aurait pas fidèlement versé au trésorier les pourboires, étrennes ou autres fonds dévolus à la caisse sociale, ou qui,

par supercherie, se serait fait délivrer des secours pécuniaires, ou qui, en qualité de visiteur, se serait rendu sciemment complice de pareilles supercheries, sera exclu de la Société et rayé des registres sans remboursement.

35. Tout Sociétaire qui change de domicile est tenu d'en faire la déclaration au secrétaire dans le délai d'un mois qui suivra ce changement.

Celui qui remplit une fonction quelconque doit, en outre, avertir le délégué dans la huitaine qui suivra ce changement, le tout sous peine d'une amende de 1 fr. 25 cent.

36. Tout membre du conseil de famille qui, à l'heure fixée pour ouvrir la séance, ne répondra pas à l'appel, payera une rétribution forcée de 1 fr. 25 cent.

Cette rétribution sera de 2 fr. 50 cent. pour le délégué, le secrétaire et le trésorier, ou leurs adjoints dûment appelés par les titulaires à les remplacer, s'ils ont fait défaut pour toute la séance; néanmoins il y a des motifs légitimes d'absence pour toute espèce de réunions; tels sont les cas de maladie et le service de la garde nationale.

37. Tout visiteur qui ne remplira pas exactement les obligations de son emploi est passible d'une rétribution forcée de 1 franc 25 centimes pour chaque contravention ou prévarication.

38. Chaque Sociétaire a le droit et en même temps un devoir de confraternité à remplir en visitant un camarade sur le lit de douleur, à le fortifier dans ses souffrances et le consoler dans son affliction; mais si, dans ces visites, ou autrement, il s'apercevait de quelques fraudes commises au préjudice de la Société, il devra en avertir le visiteur en fonction et le délégué immédiatement.

Les visiteurs officieux devront également constater leur visite sur la feuille.

39. Toute infraction au règlement, toute atteinte portée, par un ou plusieurs Sociétaires, aux intérêts de la Société, ainsi que toute prévarication de la part d'un fonctionnaire, contre lesquelles il n'y a pas de pénalité clairement exprimée dans le présent règlement, seront soumises à l'appréciation du conseil de famille, qui pourra, selon la gravité, infliger aux délinquants une rétribution forcée de 50 cent. à 4 fr.

40. La Société sera convoquée en assemblée générale annuelle le troisième dimanche de janvier, pour entendre, de la part du conseil de famille, le rapport sur les recettes et dépenses de l'année écoulée.

On s'y occupera généralement de toutes les questions importantes et dont la solution aura besoin du concours de tous les Sociétaires, telles que celle du placement des fonds, qui ne pourra avoir lieu qu'à la caisse d'épargne ou en acquisition de rente sur l'État.

On y procédera aussi au renouvellement des trois membres éligibles du conseil de famille et de leurs adjoints dans la forme prescrite à l'art. **18.**

Le lieu de réunion et l'ordre du jour seront indiqués dans les lettres de convocation, ainsi que l'heure à laquelle aura lieu l'ouverture de la séance.

Le Sociétaire qui ne répondra pas à l'appel sera passible d'une rétribution de 2 francs.

41. Un médecin expérimenté, nommé par le conseil de famille, sera attaché à la Société pour délivrer les certificats d'admission aux candidats et pour soigner les Sociétaires malades.

42. La Société se réserve le droit de prononcer sa dissolution en assemblée générale, à la majorité des trois quarts plus un des membres; alors les fonds seraient répartis entre tous les Sociétaires au prorata des versements faits par chacun d'eux; et le but de la Société étant alors manqué, les donataires porteurs de reçus auront le droit de retirer leurs dons, si cette dissolution a lieu avant l'époque des quinze années ci-dessus fixées.

43. Le présent règlement, après discussion en assemblée générale, a été adopté à l'unanimité, pour être mis à exécution à partir du 1er octobre 1838; il pourra être modifié en assemblée générale, à la majorité des deux tiers plus un des membres, et les modifications seront soumises à l approbation de l'autorité avant d'être mises en vigueur.

M. Leclaire est prié, par l'assemblée, de faire, auprès de l'autorité administrative, les démarches pour obtenir l'autorisation nécessaire.

HERVEY DE CHÉGOIN, médecin.

Et ont signé, comme fondateurs :

ALTEMEYER.
BAUDOUIN.
BÉLIARD DE BEAUPRÉ.
BOUTRY.
CAPEL.
CHOPIN.
COUERBE.
DOMIS.
DUNANT (ALPHONSE).
DUPONT.
GONTIER (RENÉ).
HANIER.
JULIEN.
MOUREAU.
POMMERI (JOSEPH).
POULIN.
RENEUF.
ROGÉ.
SALMON.
SIBOIS (HENRI).

LECLAIRE, entrepreneur.

Le présent règlement a été approuvé par l'autorité compétente, en date du 28 septembre 1838 (1).

Nota. Depuis 1840, M. le docteur Antonin Bossu a remplacé M. Hervey de Chégoin, médecin honoraire.

Certifié conforme la présente réimpression du règlement.

Paris, le 11 novembre 1850.

Signé LECLAIRE.

---

(1) Les ouvriers qui cessent de travailler pour la Maison continuent à faire partie de la Société; ils ont leur liberté pleine et entière à cet égard.

Paris.—Imprimerie de Mme Ve Bouchard-Huzard, rue de l'Éperon, 5.

www.ingramcontent.com/pod-product-compliance
Lightning Source LLC
LaVergne TN
LVHW020413230826
846091LV00004B/1274
9782012392656